Schlagzeilen 2015

CHRISTOPH MATZL & CHRISTOPH BUDIN

Schlagzeilen 2015

Ueberreuter

Buch und Redaktion: Christoph Matzl & Christoph Budin

Layout: Hermann Müller (Ltg.), Herbert Kocab, Christian Wawra

Archiv: Martin Kriegel, Dr. Heidemarie Bauer

Info-Grafik: Mag. Barbara Mungenast

Register: Margit Bandera

Bildbearbeitung: Gerhard Mischling (Ltg.), Ulrich Czeten, Ing. Helmut Eisinger, Werner Engelmeier, Richard Holzeis, Christian Krapfenbauer, Elisabeth Polly, Matthias Pospischil, Carola Rakowitz

1. Auflage 2015

ISBN 978-3-8000-7632-1

Covergestaltung: Hermann Müller & Gerhard Mischling

Druck und Bindung: Brüder Glöckler GmbH, Wöllersdorf

www.ueberreuter-sachbuch.at

2015 Es war ein schlimmes Jahr

Es war ein schlimmes Jahr, das Jahr 2015. Ein Jahr, das gekennzeichnet war von Krieg und Terroranschlägen, von der kaum zu bewältigenden Flüchtlingswelle, von schweren Krisen in der Innen- wie der Außenpolitik, von Amokläufen und Naturkatastrophen wie dem Horrorbeben in Nepal.

Und wieder wurde die europäische und auch die österreichische Politik maßgeblich durch Ereignisse der internationalen Politik geprägt, vor allem durch den bereits seit Jahren andauernden Krieg in und um Syrien und die daraus resultierende Flüchtlingswelle. In den vergangenen Jahren hatte Europa weitgehend die Augen verschlossen vor den Millionen Menschen, die nach ihrer Flucht aus Syrien in der Türkei, dem Libanon oder in Jordanien festsaßen. Ebenso wie vor jenen, die vor den Krisenherden in Afrika flüchteten.

Als im Frühjahr 800 Menschen nach dem Kentern eines aus Libyen kommenden Flüchtlingsschiffes im Mittelmeer ertranken, ging ein erster Aufschrei durch Europa. Doch erst als Monate später im Burgenland ein Schlepper-LKW mit 71 erstickten Flüchtlingen an einer Autobahn stand und wenig später Hunderttausende in Richtung Österreich und Deutschland drängten, wurde sich Europas Politik des Problems wirklich bewusst.

Österreich spielte noch bei einem weiteren weltpolitisch bedeutenden Ereignis eine wichtige Rolle: Als Gastgeber beim Atom-Vertrag mit dem Iran, der nach 13 Jahren Nervenkrieg in Wien unterzeichnet worden ist. Ein Vertrag, der Teheran wieder zurückbringt auf die Bühne der internationalen Politik. Angesichts der engen Verbindungen der Mullahs zum Regime des syrischen Diktators Assad, der auch unter massivem Druck der Dschihadisten des Islamischen Staates stehenden Regierung im Irak sowie zu den nun ebenfalls militärisch in Syrien mitmischenden Russen ist das ein Faktum von nicht zu unterschätzender Bedeutung für diese Krisenregion.

Wie sehr die Krisen im Nahen Osten bis nach Europa ausstrahlen, zeigte sich 2015 auch durch die islamistischen Terroranschläge auf die Redaktion der Satire-Zeitschrift „Charlie Hebdo" sowie einen jüdischen Supermarkt in Paris. Auch bei Attentaten in Tunesien waren Europäer das deklarierte Ziel der Terroristen. Angesichts solcher Ereignisse verblassten selbst die ewig schlechten Nachrichten aus dem Pleite-Staat Griechenland und von der Hypo-Front.

Und die Flüchtlingswelle prägte die wichtigsten Wahlen in Österreich: Ihre enormen Zuwächse in Wien, Oberösterreich und dem Burgenland hatte die FPÖ in erster Linie der Asyl-Krise und der damit einhergehenden Verunsicherung der Wähler zu verdanken. Nur das Rot-Schwarze Debakel in der Steiermark war hausgemacht.

Aber auch jenseits der Politik bestimmten Schreckensnachrichten die Schlagzeilen: Sei es die Amokfahrt mit einem Geländewagen durch die Grazer Fußgängerzone, der Lufthansa-Pilot, der einen Urlauber-Jet absichtlich gegen einen Berg steuerte oder der tragische Sportunfall, der die Stabhochspringerin Kira Grünberg für immer an den Rollstuhl fesselte.

Angesichts solcher Horror-Schlagzeilen trat Papst Franziskus bei seinen Besuchen auf den Philippinen, wo sieben Millionen Menschen an einer Messe des Heiligen Vaters teilnahmen, sowie in Kuba und den USA als Lichtgestalt hervor.

Natürlich gab es auch Schlagzeilen zum Freuen: Etwa der Jubel über die neun Medaillen unserer Skistars bei der WM in den USA, die packenden Dreharbeiten von „James Bond" Daniel Craig, der unser Salzkammergut ins Rampenlicht der Filmwelt brachte oder das großartige Song-Contest-Finale, das selbst den Opernball in den Schatten stellte. „Überstrahlt wurde der Stolz über Sportösterreich schließlich durch die fabelhafte Qualifikation unseres Fußballteams, das sich ohne Niederlage für die EM in Frankreich qualifizieren konnte", outet sich auch das Autorenduo Christoph Matzl und Christoph Budin als begeisterte Fans der Nationalelf!

Im Rückblick auf die vielen Negativ-Schlagzeilen des Jahres kann man es eigentlich nur mit der so unglaublich tapferen Kira Grünberg halten, die trotz ihres Schicksals positiv denkt und sagt: „Ich gebe nicht auf!"

CHRISTIAN HAUENSTEIN

„Krone"-Außenpolitik -Redakteur Hauenstein, Autoren Budin (li) und Matzl (re).

Aufbruchstimmung

● 620.000 Menschen tanzen am Silvesterpfad ins neue Jahr ● Optimismus trotz der steigenden Arbeitslosigkeit & flauer Wirtschaft

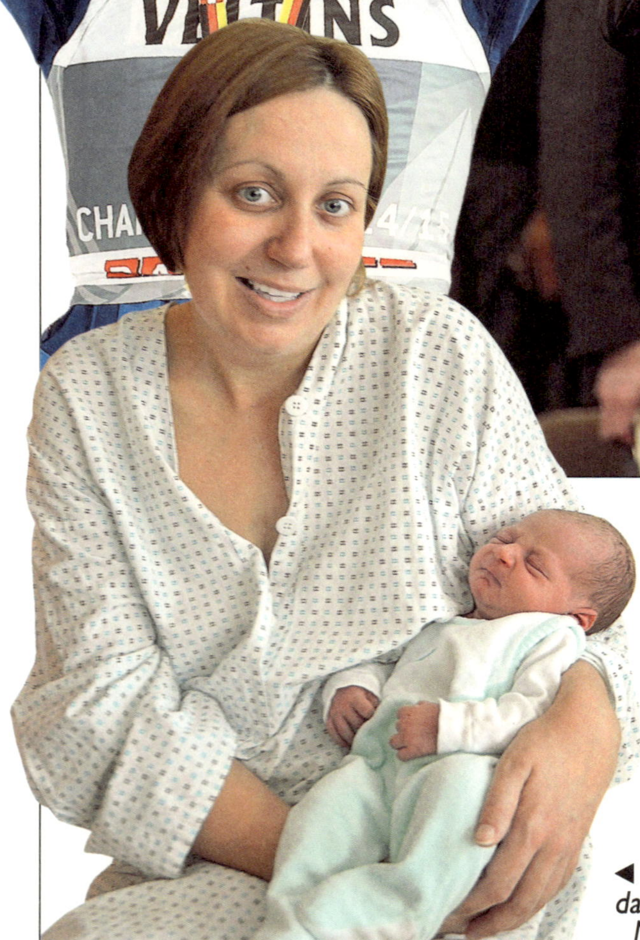

▲ *Prosit 2015! Stardirigent Zubin Mehta feiert wie Jung-Adler Stefan Kraft (li. oben.), der die Vierschanzen-Tournee gewinnt.*
◄ *Luis ist heuer das pünktlichste Neujahrsbaby.*

Hoffnungen und Erwartungen verbinden Herrn und Frau Österreicher bei der Feier ins neue Jahr. Trotz steigender Arbeitslosigkeit und wenig Wirtschaftswachstum bleiben wir optimistisch. Allein auf dem Wiener Silversterpfad tanzen 620.000 Menschen zum Schlag der Pummerin. Das heurige Neujahrsbaby kommt denn auch pünktlich zur Welt: Der kleine Luis beschert seiner Mutter im Krankenhaus Oberpullendorf im Burgenland einen einzigartigen Jahreswechsel. Um null Uhr erblickt der Bub das Licht der Welt.

Ein paar Stunden später herrscht dann auch im Musikverein Champagnerlaune. Vor Hunderten Millionen Fernsehzusehern rund um den Globus steht Stardirigent Zubin Mehta am Pult des weltberühmten Neujahrskonzertes. Und er zeigt bereits zum fünften Mal Fingerspitzengefühl,

und Zuversicht für 2015!

als die Wiener Philharmoniker Strauß musizieren. Der Spaß darf dabei ebenso nicht zu kurz kommen, wie „Krone"-Kulturexperte Karlheinz Roschitz zu berichten weiß. Natürlich zwitschern zu Josef Strauß' „Dorfschwalben aus Österreich" die Vögel. Zur „Explosionspolka" schießt eine Kanone Konfettis, und schlussendlich prostet der 78-jährige Mehta dem Saal zu, bevor er mit einem „Donauwalzer" sowie einem gar nicht so martialischen Radetzky-Marsch das Publikum zu donnerndem Jubel hinreißt.

Aber auch sportlich patriotisch kann Österreich jubeln. Unsere Adler springen bei der Vierschanzen-Tournee wieder einmal allen anderen Nationen davon. Der 21-jährige Salzburger Jung-Star Stefan Kraft triumphiert mit nur wenigen Punkten Vorsprung vor dem Oberösterreicher Michael Hayböck (23). Beide feiern jeweils einen Tagessieg.

Abschied von Udo Jürgens

Der große Entertainer Udo Jürgens ist tot. Kurz nach seinem 80. Geburtstag bricht der Star bei einem Spaziergang zusammen.

Eine große Stimme verstummt für immer:

Adieu, danke für die schönen Stunden!

„Mitten im Leben" heißt sein letztes Album – und mitten aus dem Leben ist der bis zuletzt so aktive Star von uns gegangen. Nur knapp drei Monate nach seinem 80. Geburstag hat DER Star-Entertainer Europas die Bühne des Lebens für immer verlassen. Udo Jürgens bricht bei einem Spazierganz im Schweizer Gottlieben zusammen – im Spital hört sein Herz zu schlagen auf.

Um 16.25 Uhr an diesem vierten Adventsonntag stirbt der große österreichische Sänger und Komponist im Kantonsspital Münsterlingen. Geboren am 30. September 1934 in Klagenfurt, wuchs der bürgerliche Udo Jürgen Bockelmann im elterlichen Schloss Ottmanach auf dem Magdalensberg in Kärnten auf. Mit dem Gewinn des Eurovision Song Contests 1966 („Merci Chérie") beginnt eine Weltkarriere. 1000 komponierte Lieder und 100 Millionen verkaufte Tonträger machen ihn zum erfolgreichsten Unterhaltungsmusiker im deutschsprachigen Raum.

Nur privat hakt es. „Familie ist mir nicht so gut geglückt," gibt er offen zu. Der Frauenschwarm hinterlässt zwei eheliche und zwei uneheliche Kinder, denen er nun bis zu geschätzten 60 Millionen Euro vererbt. Adieu Udo, danke für die schönen Stunden mit dir.

Bilder eines Lebens – von links oben nach rechts unten: Udo Jürgen Bockelmann als Jugendlicher. Beim Gewinn des Grand Prix de la Chanson in Luxemburg mit dem Welthit „Merci Chérie". Mit Bruder Manfred und Tochter Jenny. Mit Sohn John und seiner unehelichen Tochter Gloria. Mit seiner zweiten Ehefrau Corinna Reinhold auf dem Wiener Opernball. Sein letzter Auftritt mit Helene Fischer bei der „Mitten im Leben"-Gala anlässlich seines 80. Geburtstages. Am Klavier, so wie der große Star immer in Erinnerung bleiben wird, genauso wie mit seinem Markenzeichen, dem weißen Bademantel, mit dem er sich nach Konzerten immer von seinen Fans feiern ließ. Udo Jürgens' letzte Ruhestätte nach seiner Einäscherung ist dieses Ehrengrab auf dem Wiener Zentralfriedhof neben dem Volksschauspieler Fritz Muliar. Trauer herrscht aber auch in seiner Kärntner Heimat, wo im Stadttheater Klagenfurt Abschied genommen wird.

Bond setzt unsere Alpen in Szene . . .

Was für eine Werbung für Österreichs Alpen! Bei den ersten Szenen für den Trailer zum neuen Bond-Film „Spectre" werden die Berg-Drehorte in Kärnten, Osttirol und dem Salzkammergut bestens in Szene gesetzt (o.). Mit halsbrecherischen Autoverfolgungsjagden oder Kämpfen im Schnee. In Altaussee gibt sich „007" Daniel Craig mit seinen jungen Fans vor den Augen von „Krone"-Redakteur Thomas Bauer bei Selfies ohne Starallüren (kl. Bild). Doch Österreich hat noch eine große Rolle in dem mit Spannung erwarteten Streifen: Den Bösewicht spielt niemand Geringerer als der zweifache Oscar-Preisträger Christoph Waltz. Den beiden Herrschaften zur Seite stehen natürlich auch diesmal wieder hübsche Bond-Girls. Und zwar die Schauspielerinnen Naomie Harris, Léa Seydoux sowie die 50-jährige Italo-Sexbombe Monica Bellucci (v. li. na. re.).

64-jährig unter tragischen Umständen aus Leben geschieden

Trauer um „Krone"-Urgestein

Lebensfreunde: Schwarzenegger & Kopacka.

Es erwischt immer die Guten, und der Werner Kopacka war so ein Guter: Die Herzenswärme, die der „Chef vom Dienst" der „Steirerkrone" ausstrahlte, war legendär. Ein Vollblutjournalist, der seit 1976 in der Redaktion arbeitete. Neben seinen spannenden Abenteuergeschichten schrieb er Bücher über seinen engen Freund und Wegbegleiter Arnold Schwarzenegger. Und auch die steirische Eiche trauert via Twitter: „Werner Kopacka war ein fantastischer Journalist, Ehemann und Vater. Meine Gedanken gehören seiner Familie."

Kronen Zeitung

Doppelte Freude *im Fürstenhaus von Monaco. Sichtlich stolz präsentieren Prinz Albert (56) und Prinzessin Charlène (36) ihre Zwillinge, den kleinen Prinzen Jacques Honoré Rainier (blauer Strampler) und Prinzessin Gabriella Thérèse Marie. Bei dem Bild handelt es sich um die erste offizielle Fotosession, aufgenommen von Frederick Nebinger, dem Starfotografen des Fürstentums. Die Geburt von Monacos neuen Thronerben wird übrigens mit 42 Salutschüssen – 21 für jedes Kind – verkündet. Das lange Warten der Grimaldis und der Weltöffentlichkeit hat damit ein Ende.*

Bei Blaukalk-Verbrennung gelangt Chemikalie in Nahrung:

Skandal um Umweltgift HCB in Kärntner Milch und Fleisch

Das beschauliche Kärntner Görtschitztal ist Schauplatz eines Umweltskandals! Bei der Entsorgung von Blaukalk im Zementwerk wird offenbar das Gift HCB freigesetzt. Als Rückstände in Fleisch und Milch aus der Region gemessen werden, herrscht helle Aufregung.

Hexachlorbenzol gilt unter Chemikern als gefährliche Substanz: HCB ist langlebig und krebserregend. Als das Umweltgift in Nahrungsmitteln festgestellt wird, ist Feuer am Dach. Die Sonnenalm-Molkerei muss wegen der Verunreinigung ihren Betrieb vorübergehend einstellen, 20.000 Tonnen Futtermittel werden entsorgt, und Bauern dürfen ihr Fleisch nicht mehr verkaufen. Nach einem schlechten Krisenmanagement der Landesregierung wird dann schließlich die Bevölkerung zu freiwilligen Bluttests aufgerufen. Bei jeder fünften Person werden laut „Krone"-Redakteur Thomas Leitner erhöhte Grenzwerte festgestellt. Besonders unter Schwangeren und Müttern herrscht helle Aufregung.

Die Staatsanwaltschaft ermittelt, der Blaukalk dürfte bei zu niederen Temperaturen verbrannt worden sein.

◀ *HCB wird auch in Milch entdeckt. Das Umweltgift stammt aus dem Zementwerk.* ▶

Der Terrorkrieg hat nun

● Blutbad mit 17 Toten in Redaktion und jüdischem Markt

● Brüder und Killer-Komplize von der Polizei erschossen

Der islamistische Terrorkrieg hat Europa erreicht: Im Herzen von Paris stürmt ein bewaffnetes Brüderpaar die Redaktionsräume einer Satirezeitung mit Mohammed-Zeichnungen. Zwei Tage später schlägt ein Killer-Komplize in einem jüdischen Supermarkt zu. Bei den Blutbädern sterben insgesamt 17 Menschen.

Frankreichs Hauptstadt ist im Ausnahmezustand, die Welt geschockt. „Aus Rache für den Propheten Mohammed" erschießen die Vermummten mit Maschinenpistolen in der Redaktion von „Charlie Hebdo" elf Menschen. Auf der Flucht töten die laut eigenen Angaben für Al Kaida im Jemen mordenden Kouachi-Brüder einen muslimischen Polizisten. Als ganz Frankreich die Islamisten jagt, wird eine Polizistin bei einer harmlosen Kontrolle hingerichtet. Doch der Terror-Wahnsinn nimmt kein Ende: Zwei Tage später nimmt Amedy Coulibaly – später taucht ein Video auf, in dem er sich zum Islamischen Staat (IS) bekennt – Geiseln in einem jüdischen Supermarkt in Paris.

Mit einem Doppelschlag beenden französische Sondereinheiten 54 Stunden nach dem Beginn des grausamen Massakers in der Zei-

◄ Die Terrorbrüder Chérif (li.; 32) und Saïd Kouachi (34) richten bei „Charlie Hebdo" (oben das erste Titelblatt nach dem Massaker mit „Alles ist vergeben" und dem Propheten) ein Blutbad an. Auf ihrer Flucht erschießen sie auch einen muslimischen Polizisten (u.). „Ich bin Charlie" – Solidarität mit den Opfern. ►

auch Europa erreicht!

tung dann das Terrordrama. Alle drei Attentäter werden erschossen, vier unschuldige Menschen werden aber noch vor dem Sturmangriff zuvor vom Kidnapper getötet.

In der Folge kommt es zu einer beispiellosen Solidaritätskundgebung. Mit „Je suis Charlie"-Plakaten („Ich bin Charlie") wird sowohl den Opfern als auch der Meinungsfreiheit gedacht. Die IS-Dschihadisten sind derweil im Machtrausch, feiern die feigen Mörder als „Löwen des Kalifats" und drohen neue Anschläge an.

Amedy Coulibaly wird bei dem spektakulären Polizeizugriff im jüdischen Supermarkt (oben) erschossen. Zuvor tötete er eine Polizistin und vier Geiseln. Paris ist im Ausnahmezustand, es herrscht Terror-Alarmstufe 1 – schwer bewaffnete Soldaten bewachen den Eiffelturm (links).

Mit einem Trauermarsch gedenken neben Hunderttausenden auch Politiker aus aller Welt den vielen Opfern der beiden Anschläge.

Rettung aus dem Feuer-Inferno: Erwin Schrümpf (o.) und Mehmet Ali

Todesangst auf brennender Fähre ● Bergeaktion in eiskalter Adria

5 Österreicher im Inferno

Löschschiffe bei der italienischen Unglücksfähre „Norman Atlantic“

„Wir verbrennen bei lebendigem Leib, betet für uns!“ – Hilferufe in Todesangst von Passagieren der in Flammen stehenden Fähre „Norman Atlantic“ im Mittelmeer erreichen die Welt. Auch fünf Österreicher sind an Bord des Schiffes. Sie können bei der schwierigen Bergeaktion in der eiskalten Adria alle gerettet werden.

Die Fähre ist von Patras auf dem Weg nach Ancona, als 60 Kilometer vor der kleinen griechischen Insel Othonoi entfernt auf einem Deck das Inferno losbricht.

Auch der türkisch-stämmige Tiroler Fernfahrer Mehmet Ali ist so wie der Salzburger Erwin Schrümpf, der Hilfsgüter nach Griechenland gebracht hat, und drei weitere Österreicher unter den 499 Menschen an Bord der Fähre. Seinem Bruder Haci Güyen schildert er daheim am Handy das Drama: „Das Schiff brennt, es gibt zu wenig Rettungsboote!“ Schließlich können alle Landsleute mit Hubschraubern von der havarierten „Norman Atlantic“ gerettet werden. Bis zu 30 Menschen sterben, genauere Zahlen sind wegen einiger blinder Passagiere schwierig. Gegen Reederei und Kapitän wird aufgrund fahrlässiger Tötung ermittelt.

Tiroler Arztfamilie in Streit mit Millionär

Die verhängnisvolle Affäre einer damals 20-jährigen Tiroler Arzttochter mit einem vermeintlichen US-Millionär endet in gegenseitigen Schuldzuweisungen und Klagen. „Der angebliche Ölerbe will unter anderem den 208.000 Euro teuren Verlobungsring zurück, der Mediziner spricht von Verleumdung“, so „Krone“-Redakteur Philipp Neuner.

„Nuss-Affäre“ um Airliner-Tochter

Da sie eine Flugbegleiterin anschreit, weil diese ihr Macadamia-Nüsse in einem Säckchen statt in einem Schälchen reicht, wird die Tochter des Chefs der Korean Air angeklagt. Das Gericht verurteilt die 40-jährige Cho Hyun Ah in der pikanten „Nuss-Affäre“ unter anderem wegen Gefährdung der Flugsicherheit zu einem Jahr Haft.

*„**Not amused**“ ist die Queen über Sex-Vorwürfe gegen Prinz Andrew. Die 30-jährige Virginia Roberts behauptet, als damals 17-Jährige vom britischen Royal missbraucht worden zu sein. Der Buckingham-Palast dementiert wütend, der Name von Prinz Andrew wird später aus dem Gerichtsakt gestrichen.*

__Kardinal-Selfie__ mit den Sternsingern. Eine Gruppe von Heiligen Drei Königen eröffnet mit ihrem Besuch im Erzbischöflichen Palais in Wien die Sternsingeraktion und findet sich auf einem „Handy-Selfie" von Kardinal Schönborn wieder. Bis Anfang Jänner gehen auch heuer wieder 85.000 Buben und Mädchen von Haus zu Haus und singen für Menschen in Armutsregionen.

__Auf Krücken__ zum Ministerrat. Bei einem Skiunfall bricht sich Sozial- und Arbeitsminister Rudolf Hundstorfer das Becken. Der 63-jährige SPÖ-Spitzenpolitiker stürzt ohne Fremdeinwirkung. Er verkantet bei einer Abfahrt im niederösterreichischen Lackenhof auf dem Ötscher und muss im Wiener AKH zwei Wochen das Bett hüten.

Krone-Chronik Jänner 2015

- Ranger im südafrikanischen Krüger-Nationalpark erschießen nahe der Grenze zu Mosambik zwei Nashorn-Wilderer.
- US-Astronomen haben mithilfe des Weltraumteleskops „Kepler" die acht bisher erdähnlichsten Planeten bei anderen Sternen entdeckt: zwei von ihnen sind offenbar für das Leben geeignet.
- Millionärssohn Thomas Gilbert jr. (30) erschießt in New York seinen Vater Thomas Gilbert Sr. (70). Der Hedgefonds-Gründer hat ihm das Taschengeld gekürzt.

Indonesien: 162 Tote bei Flugzeugdrama

AirAsia-Jet stürzt ins Meer und versinkt

Flugzeug-Unglück in Indonesien: Ein Airbus A320 der Billigfluglinie AirAsia stürzt bei Schlechtwetter auf dem Weg nach Singapur ins Meer und versinkt. Alle 162 Menschen an Bord sterben, die Wrackteile werden in rund 30 Meter Tiefe in der Javasee geortet.

Aus formellen Gründen hätte die Maschine aber gar nicht starten dürfen: die Lizenz für die Fluglinie gilt nämlich nur an vier Wochentagen. Kurz vor dem Absturz ist der Jet in einen ungewöhnlichen Steigflug gegangen. Die Ermittler gehen von einem Pilotenfehler oder technischen Defekt als Unglücksursache aus.

Als Konsequenz verbietet Indonesien in Zukunft Dumpingpreise für Flugtickets. Laut Transportministerium können Preiskriege Billigflieger zu Sparmaßnahmen zwingen, die die Sicherheit der Flugzeuge beeinträchtigt. Es gibt aber keine Hinweise darauf, dass laxe Sicherheitsvorkehrungen bei dem Air-Asia-Absturz eine Rolle spielten.

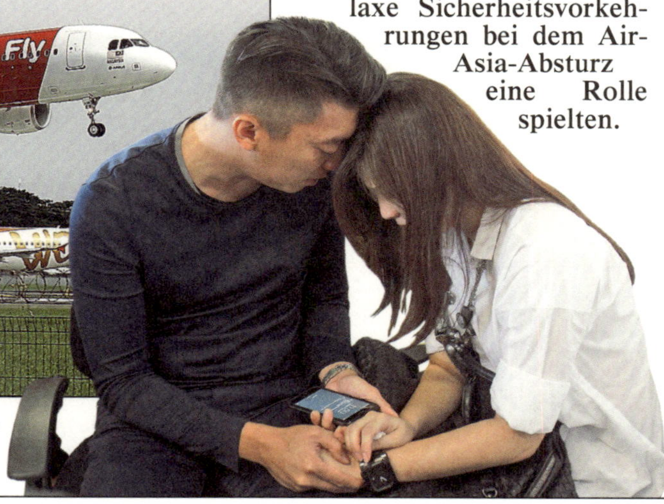

Der Unglücksjet (Archivfoto). Angehörige trauern um getötete Passagiere (re.).

Peinliche Panne *im Ägyptischen Museum in Kairo: Beim Reinigen der mehr als 3300 Jahre alten Totenmaske des legendären Pharaos Tutanchamun wird der Spitzbart abgebrochen und völlig unprofessionell mit Kunstharz einfach wieder angeklebt. Konservatoren zufolge war Putzkräften die Hauptattraktion – im Bild noch vor dem Missgeschick zu sehen – sogar hinuntergefallen. Bei der Husch-Pfusch-Reparatur wird ungeeignetes, nicht mehr entfernbares Material verwendet. Eine Lücke vor dem Bart und ein Kratzer sind angeblich danach zu sehen.*

Die Österreicher sind mit ihren Chefs sehr zufrieden

Erfreuliche Arbeitsplatzanalyse! Die Mehrzahl der heimischen Arbeitnehmer ist mit ihren Vorgesetzten zufrieden. Das ergab eine Studie des Personaldienstleisters „Monster“: Fast jeder zweite vergibt Bestnoten für seine Führungskraft. Nur 14 Prozent der Beklagten glauben, ein weitaus besserer Chef sein zu können als der aktuelle Vorgesetzte.

Oma (86) lebt seit 7 Jahren auf einem Kreuzfahrtschiff

Als ihr Mann im Sterben lag, versprach ihm Lee Wachtstetter, auch alleine noch auf Kreuzfahrten zu gehen. Die 86-jährige Witwe hat ihr Versprechen gehalten. Sie verkaufte 2008 ihr Haus in Fort Lauderdale im US-Staat Florida und bezog eine Vollzeit-Kabine auf dem Luxus-Liner „Serenity“. Wobei sich die Kosten für das Service an Bord mit 140.000 Euro pro Jahr niederschlagen.

Bandion-Ortner sorgt für Kopfschütteln

Ex-Ministerin verliert Job im Saudi-Zentrum

Für Kopfschütteln, ja Fassungslosigkeit sorgt Ex-Ministerin Claudia Bandion-Ortner als Vize-Generalsekretärin des umstrittenen Abdullah-Zentrums mit einer Aussage zur Menschenrechtssituation in Saudi Arabien: „Dort wird ohnehin nicht jeden Freitag geköpft . . .“

Auslöser der Debatte ist die strikte Weigerung des von Saudi-Arabien finanzierten Zentrums zur öffentlichen Folter (1000 Peitschenhiebe!) des Bloggers Raif Badawi durch die saudische Justiz Stellung zu nehmen. Nach dem Interview, in dem die ehemalige Justizministerin auch meint, dass die Abaya, der in Saudi-Arabien vorgeschriebene Ganzkörper-Schleier, ein angenehmes Kleidungsstück sei, das sie an den Richtertalar erinnere, läuft das Fass über.

Erst nach einem Gespräch mit Außenminister Kurz ist mit „solchen dummen Aussagen“ (Zitat SPÖ-Klubchef Andreas Schieder) Schluss: Die frühere Richterin muss gehen und verliert ihren gut dotierten 11.000-Euro-Posten. Außenminister Sebastian Kurz spricht sich klar für die Neuaufstellung der Institution in Wien aus.

Blogger Raif Badawi mit seinen Kindern

◄ Minister Kurz spricht Klartext mit Bandion-Ortner. ►

Busenfreiheit *fordern Dutzende Demonstrantinnen in einer spektakulären Protestaktion an Rio de Janeiros berühmtem Ipanema-Strand: In Brasilien gilt nämlich Oben-ohne-Baden seit den 1940er-Jahren als „obszöner Akt“, der mit bis zu einem Jahr Gefängnis bestraft werden kann. Beim Protest-Sonnenbad zeigen die hüllenlosen Damen dennoch furchtlos jede Menge nackte Haut.*

Gesuchter Serienmörder tauchte in Wien unter ● Zielfahnder stellten ihm Falle:

Mafia-Killer vor Café verhaftet!

Zielfahnder des Bundeskriminalamtes schalten einen der gefährlichsten und skrupellosesten Mörder aus: Der via Interpol gesuchte russische Mafia-Boss wird vor dem Wiener Hauptbahnhof in einem Café verhaftet. Er ist völlig perplex und leistet keinen Widerstand.

Somit ist die Flucht von Aslan G. zu Ende. Er und sein Killerkommando fackelten nie lange herum: Wer dem Russen im Weg oder nicht zu Gesicht stand, wurde eiskalt ermordet. Vor allem seinen Weg zum Herrn über die illegale Schnapsproduktion pflasterten Leichen: Er selbst soll fünf Männer hingerichtet und weitere vier schwer verletzt haben. So etwa erschoss er den Bürgermeister von Wladikawkas, der Hauptstadt der russischen Teilrepublik Nordossetien.

Es folgte die Exekutierung hochrangiger Regierungs- und Sicherheitsbeamter. Im Zuge einer regionalen Revolution wurde seine kriminelle Organisation 2013 zerschlagen. Aslan G. gelang die Flucht nach Österreich – von hier wird er nun an die russische Justiz ausgeliefert.

▲ Aslan soll fünf Regierungsbeamte ermordet haben. Sein Waffenlager wurde ausgehoben und er vor Wiens Hauptbahnhof gefasst.

Mit seinem herzlichen Lachen und seinen strahlenden Augen gewinnt Papst Franziskus die Herzen der Menschen rund um den Globus.

WELTREKORD! ● Auf den Philippinen begeistert Heiliger Vater die Massen ● Jubel

7 Millionen bei Messe mit dem

Glaube, Tradition und Folklore sind auf den Philippinen eng miteinander verbunden.

Weder strömender Regen noch die Ausläufer eines Tropensturms können die tiefgläubigen Philippinen davon abhalten, Papst Franziskus zuzujubeln. In der Hauptstadt Manila strömen bis zu sieben Millionen Menschen zur Papstmesse! Das ist Weltrekord – der größte katholische Gottesdienst aller Zeiten.

Als er in seinem offenen Papamobil vorfährt, trägt der Heilige Vater denselben dünnen Regenmantel wie die Gläubigen, von denen viele schon seit der Nacht im Freien ausharren, um einen Blick auf ihren Oberhirten zu erhaschen. Rund 80 der 100 Millionen Philippinen sind Katholiken, aber nicht nur auf dem Taufschein. Sie sind tiefgläubig. Sie singen und tanzen und jubeln dem 78-jährigen Franziskus wie einem Popstar zu. Er wiederum wettert gegen korrupte Politiker und mahnt die Rechte der Kinder ein, die

Nicht nur Krisen und Schneemangel bedrohen Tourismus:

Viele pfeifen auf das Skifahren

Der heimische Wintertourismus wird nicht allein von Wirtschaftskrisen und steigenden Temperaturen bedroht. Zu dem Schluss kommt das Institut für Freizeit- & Tourismuswirtschaft. Laut Studie pfeifen sechs von zehn Österreichern generell auf den Wintersport.

Politische und wirtschaftliche Krisen, das aktuelle Ausbleiben gut betuchter Russen sowie den teilweisen Schneemangel – all das können die Seilbahnbetreiber und Tourismusorte noch irgendwie wegstecken. Das Institut warnt aber vor einem regelrechten Kollaps des Wintertourismus der Österreicher: Nicht heute, nicht morgen, aber doch in absehbarer Zeit. Das Problem ist hausgemacht: „Die heutige Elterngeneration verabschiedet sich langsam vom Skisport", so Institutsleiter Peter Zellmann. Die Kinder dieser Generation schnallen Ski, Snowboard oder Langlaufski gar nicht mehr an. Mittlerweile sind zwei Drittel der Österreicher noch nie Ski gefahren (1987 waren es noch weniger als die Hälfte). Tourengeher und Schneeschuhwanderer werden das Loch nicht füllen. Nur Schulskikurse können das verloren gegangene Interesse wieder steigern.

▲ *Selbst Freestyle-Künste wie bei der WM auf dem Kreischberg lassen viele kalt. Schulskikurse gehören mehr gefördert.* ▼

bei Sturm & Regen:

Papst!

nur allzu oft allein auf auf der Straße leben.

Auf das Thema Sex und Familie geht Franziskus während des Heimfluges gewohnt amüsant ein. „Einige glauben – entschuldigt bitte das Wort –, um gute Katholiken zu sein, müssten wir sein wie die Kaninchen. Das ist aber falsch!" Dabei gelte vielmehr das Prinzip der verantwortungsbewussten Elternschaft. Schließlich gebe es von der Kirche erlaubte Methoden, Schwangerschaften zu verhindern.

Er persönlich, so der Papst, halte drei Kinder pro Familie für ideal.

Gregor Bloéb brilliert als „Der Boxer"

Fit wie ein Turnschuh zeigt sich Gregor Bloéb im Wiener Theater an der Josefstadt bei der Uraufführung von Felix Mitterers „Der Boxer". „Eine tragische Lebensgeschichte, frei nacherzählt fürs Theater. Mitterer hat sich um das Schicksal des deutschen Sinti und erfolgreichen Sportlers Johann ‚Rukeli' Trollmann angenommen, Gregor Bloéb auf den Leib geschrieben", so „Krone"-Redakteur Thomas Gabler, „dafür gibt es Jubel!" Freude über den Erfolg, die auch Ehefrau Nina Proll teilt.

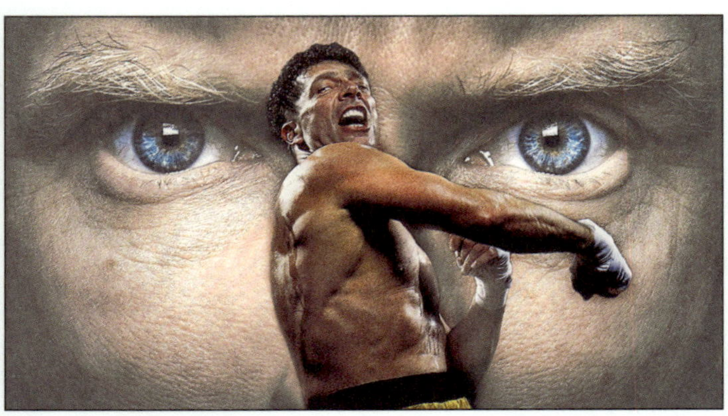

Chaoten prallen auf Heer von Polizisten ● Wasserwerfer- und

Ball-Demonstranten legen

5000 teils gewaltbereite Demonstranten prallen am 30. Jänner auf 2500 Polizisten. Der Protest gilt dem FPÖ-Akademikerball in der Wiener Hofburg und legt praktisch die gesamte City lahm. Helikopter, Wasserwerfer und ebenso behutsame wie strategische Sicherheitsmaßnahmen im Vorfeld können die Anarchos einbremsen. Ein völliges Chaos in der Innenstadt wie noch im Jahr zuvor kann dank dieser Polizeitaktik verhindert werden!

▲ *Uniformierte werden mit Rauchgranaten provoziert.*

Während rund um den Stadtkern der Verkehr zusammenbricht, starten zwei Demo-Züge von der Wallensteinstraße und vom Schottentor Richtung Stephansplatz. Aber ohne tatkräftige Unterstützung zahlreicher Bustouristen aus dem Ausland. Denn etliche der Berufsmarschierer werden im Vorfeld gestoppt. Und zwar mit brandgefährlicher Pyrotechnik, Sturmhauben und Messern im Gepäck.

Wiens Polizeipräsident Gerhard Pürstl hatte vorher ein Machtwort gesprochen und die NOWKR-Demonstration gegen den Akademikerball untersagt. „Wir lassen das Recht nicht durch

Drohungen beugen. Und das linke Bündnis hat sich von Gewalt nicht distanziert“, so der Polizeichef. Zudem informiert die Exekutive erstmals auch im Internet über moderne Medien via Twitter, Facebook etc. zur Lage rund um die Demo. „Diese Infos sind ein Service für alle Betroffenen und liefern Live-Bilder in die Einsatzzentrale“, so Manfred Reinthaler, Chefjurist der Polizeipressestelle, „gleichzeitig wird bei der Akkreditierung von Journalisten und Fotografen darauf geachtet, dass keine Chaoten freien Zutritt zur Sperrzone erlangen.“

Zwar gibt es einige Hotspots wie den Karlsplatz oder den Bereich vor der Volksoper, Vermummte verbarrikadieren sich dort, zünden bengalische Feuer an, schlitzen Reifen von Taxen auf und versuchen so, die Ringstraße in einen Hexenkessel zu verwandeln. Bilanz: 38 Festnahmen, aber KEIN Chaos wie anno 2014.

Krone-Chronik Jänner 2015

● Innovative Methode gegen Ressourcenverschwendung: Um Häuser thermisch sanieren zu können, schickt Siemens in Gleisdorf (Stmk.) Drohnen auf den Luftweg, um Energieverluste zu dokumentieren.

● Gold mit 41! Claudia Riegler wird bei der Snowboard-WM am Lachtal große Siegerin.

● Ein Zweijähriger holt in Miami (USA) die Pistole des Vaters aus dem Handschuhfach, hantiert im Auto mit der Waffe und erschießt sich.

● Da seine Ehefrau bei der zweiten Geburt wieder ein Mädchen statt des ersehnten Sohnes zur Welt bringt, tötet ein Türke aus Diyarbakır die Frau.

Golden Globe ganz im Zeichen von Charlie Hebdo

„Die 72. Golden-Globe-Verleihung steht im Zeichen des Gedenkens an die Terroropfer in Frankreich. Stars wie Helen Mirren oder George Clooney tragen ‚Je suis Charlie‘-Anstecker“, berichtet Elisabeth Sereda aus Los Angeles. Michael Keaton erobert einen Globe für „Birdman“, Joanne Froggatt (re.) gewinnt ihren ersten Award als Zofe Anna Bates in Downton Abbey und Julianne Moore wird als beste Darstellerin ausgezeichnet.

Helikoptereinsatz ● Chaos verhindert

Wiens City lahm

▲ *Gut koordinierte Polizisten garantierten FPÖ-Chef Heinz-Christian Strache und seinen Gästen einen ungestörten Ball – zumindest in der Hofburg.* ▼

Mozart-Kantate mit Pferdeballett! Mit einer ebenso spektakulären wie gewagten szenischen Produktion eröffnen die Chefs Marc Minkowsky und Matthias Schulz die Salzburger Mozartwoche. Pferde-Choreograf Bartabas schafft eine szenische Umgestaltung von „Davide penitente" als Pferdeballett mit der Académie Équestre de Versailles. Famos, grandios!

Große Wachablöse in Saudi-Arabien:

Thronwechsel nach König Abdullahs Tod

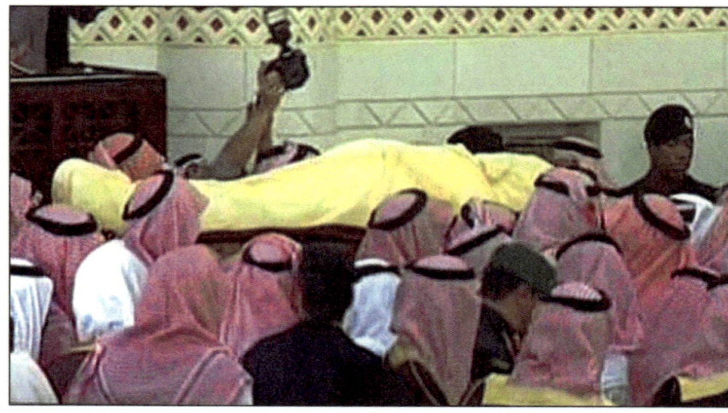

König Abdullah ist tot. Er stirbt am 23. Jänner 90-jährig in seiner Geburtsstadt Riad. Er war seit 2005 König und Premierminister von Saudi-Arabien. Nachfolger wird sein Halbbruder Salman – mit 79 Jahren ebenso betagt und krank.

Bedeutend ist jedoch, dass Salman Abdullahs Politik im Wesentlichen fortsetzen dürfte. Denn im Königreich galt Abdullah als beliebt, auch weil er vorsichtige Reformen anstieß wie etwa eine gewisse Stärkung der Position von Frauen in dem ultrakonservativen Land. US-Präsident Barack Obama erklärt, ein Vermächtnis des verstorbenen Monarchen sei die enge Partnerschaft Saudi-Arabiens mit den USA. Nach dem Freitagsgebet wird der einst reichste König der Welt beerdigt: Abdullah wechselt vom Prunkpalast seinesgleichen in die Weiten des Wüstensandes – so wie alle seine Vorgänger – in eine anonyme Grabstätte.

Der Verstorbene (re.) und die Dynastie auf einem Streich (v.re.): Abdullah, König Salman und Kronprinz Mukrin (69). ▼

Lkw-Schrottpresse. *An ein Wunder grenzt die Tatsache, dass der Autofahrer Kaleb Whitby (kleines Bild) überhaupt noch lebt. Bei einem Auffahrunfall im US-Bundesstaat Oregon kommt der 27-Jährige mit seinem Auto zwischen zwei Lastwagen, die sein Fahrzeug wie in einer fahrenden Schrottpresse zusammenschieben. Doch bis auf paar kleinere Schürfwunden bleibt Whitby völlig unverletzt.*

Gesuchten Mörder in Gefängnis gefunden:

Transsexuelle von Kunden in Studio brutal erdrosselt

Transfrau Hande Ö. (35) wird bei Sex-Fesselspielen ermordet

Aus der Türkei geflüchtet verdient Transfrau Hande Ö. ihren Lebensunterhalt als Liebesdienerin im Sexstudio in der Haymerlegasse in Wien-Ottakring. Als Mann geboren, findet die 35-Jährige als Frau ein tragisches Ende: Ein Freier erdrosselt die Türkin bei Fesselspielen mit einem Tuch. Dank eines DNA-Treffers gelingt es Kriminalisten, einen Serben als mutmaßlichen Täter auszuforschen: Srdjan T. (32) sitzt aber bereits in Haft in der Josefstadt – wegen zweier Raubüberfälle.

Mehr „Krone“ – nun auch für Handy & Tablet!

Nach dem fulminanten Erfolg zu Jahresende mit 50 Prozent mehr Besuchen auf krone.at (15,6 Millionen Visits) folgt im Jänner der nächste Innovationsschwung der „Krone“. Denn künftig können unsere Leser Nachrichten, Bilder, Videos etc. mit ihren Tablets, Handys oder jedem aktuellen Browser abrufen. Das heißt: Nun können Sie Ihre Zeitung lesen, wo und wann Sie wollen.

Islamistenterror auch in Belgien

Bei einer landesweiten Anti-Terror-Razzia der belgischen Polizei werden in Verviers zwei Dschihadisten getötet und eine geplante Anschlagsserie vereitelt. Im Terrornest der Syrien-Heimkehrer werden nicht nur Kriegswaffen und Sprengstoff, sondern auch Polizeiuniformen entdeckt: Verkleidet wollten die Gotteskrieger auch Synagogen stürmen.

Wirbel um Rauswurf zweier küssender Lesben in Wiener Lokal

Kuss-Verbot in Traditions-Café löst Demos und Debatten aus

Protest von BZÖ-Politikern: Für sie ist die groß inszenierte Demo vor dem Wiener Traditions-Café eine neue Form des Mobbing-Terrors.

Ein Kuss polarisiert Wien! Nachdem Christl Sedlar, die rüstige Chefin des Wiener Kaffeehauses Prückel, ein küssendes, lesbisches Paar des Lokals verwiesen hatte, entzünden sich heftige Debatten. „Wir wurden aus homophoben Gründen hinausgeworfen“, so die betroffenen Frauen. Schließlich folgt eine Kuss-Demo vor dem Ringstraßencafé.

Frauenküssen im Prückel – dürfens’ denn das? Auch wenn es nicht verboten ist, so habe sie das Verhalten der beiden jungen Damen als völlig unangemessen und provokativ erlebt und sie sei verärgert gewesen, erklärt die Chefin (72), die das urige Ringstraßencafé seit 54 Jahren führt. Sie hätte eben darauf achten wollen, dass anerkannte Standards des gesellschaftlichen Verhaltens von Gästen eingehalten werden.

Im konkreten Fall sei es nicht um die Diskriminierung der Lesben gegangen. Die Entschuldigung kommt aber offenbar zu spät. Denn in der Folge wird tagelang in sozialen Medien mobilisiert. Schließlich versammelt sich eine Kuss-Protestdemo vor dem Café, bei der die Polizei aufmarschieren muss. Knutsch-Befürworter und -Gegner beschimpfen einander – und werfen sich alles andere als nette Küsschen zu.

Der völlig verwirrte 52-jährige Täter – es gilt die Unschuldsvermutung – richtete den Obdachlosen in seiner Wohnung mit einer Axt hin.

Irrer „Messie" richtet Untermieter hin ● Toter liegt 4 Monate im Wohnzimmer

Axt-Mörder lebte neben Leiche

Eine Bluttat in Wien-Meidling lässt sogar abgebrühte Kriminalisten erschauern: Denn nach einem Hinweis aus dem Umfeld des Täters entdecken sie in einer Wohnung in der Aichholzgasse die Leiche eines Obdachlosen – eine Axt steckt noch im Kopf des Mordopfers! Der Mörder lebte vier Monate neben dem Toten.

Als die Polizei-Spezialeinheit WEGA die Wohnung stürmt, lässt sich der mutmaßliche Täter Gerald N. widerstandslos festnehmen. Neben ihm liegt auf dem Wohnzimmerboden in eine Decke eingewickelt die bereits stark verweste Leiche eines vorerst Unbekannten. Wie der 52-Jährige gesteht, hat er den Mann, einen slowakischen Obdachlosen, zufällig kennengelernt. Dann hat er ihn nach einem vorangegangenen Streit – möglicherweise im Drogenrausch – mit einer Axt getötet. Die Wohnung des Messies jedenfalls befindet sich in einem desolaten Zustand.

Im Zuge seiner Recherchen stößt „Krone"-Reporter Oliver Papacek auf ein sonderbares TV-Interview des Axt-Mörders. Im Gespräch diskutiert der Verdächtige mit Herbert Slezak über eine berühmte österreichische Bio-Marke. Gerald N. spricht in dem Beitrag feinstes Hochdeutsch und beklagt sich, dass er übergangen und betrogen worden sei. Schließlich hätte er die Marketing-Idee kreiert.

„Möglicherweise hat ihn der Diebstahl seines geistigen Eigentums aus der Bahn geworfen", glaubt ein Bekannter des Axt-Mörders.

Tod beim Fitness-Training auf den Geleisen

Einen grauenhaften Tod erleidet der Schauspieler und Fitness-Trainer Greg Plitt bei den Dreharbeiten zu einem Werbespot in Los Angeles. Denn als der durchtrainierte Terminator-Star auf den Schienen Liegestütz macht, rauscht ein Zug heran. Plitt will aufstehen und sich in Sicherheit bringen. Doch dabei strauchelt er, wird von der Schnellbahn überrollt und getötet.

Reisebus vor Hotel gestohlen

Dreister Coup! Über Nacht verschwindet vor einem Hotel-Parkplatz in Schwechat (NÖ) ein Reisebus. Der 170.000 Euro teure Autobus eines tschechischen Reiseunternehmens ist wie vom Erdboden verschluckt. Kriminalisten vermuten, dass eine Serbenbande dahintersteckt, die bereits 2013 elf Busse im Wert von 2,5 Millionen Euro auf den Balkan verschoben hat.

***Disneyland Paris gerettet!** Eine Milliarde Euro frisches Geld für den ständigen Freizeitpark bei Paris. Diese Summe, die selbst Dagobert Duck gerne in seinem Geldspeicher hätte, stellt die Walt Disney Company als Rettung zur Verfügung. Weitere 600 Millionen Euro Schulden werden in Eigenkapital umgewandelt, um die Pleite gerade noch zu verhindern.*

Führerscheinkurse für junge Häftlinge

Gratis-Fahrschule im Häfen angedacht

Gratis-Führerschein im Häfen! Wie Nationalrat Christian Lausch aufdeckt, kursieren konkrete Pläne, wonach Fahrschullehrer im Gefängnis junge Häftlinge unterrichten sollen. Auch Ausfahrten sind im Zuge des Ausganges angedacht. Und: Bezahlt soll die Fahrberechtigung sogar vom Steuergeld werden.

Die Meldung des FPÖ-Abgeordneten Lausch über geplante kostenlose Führerscheinkurse hinter Gittern sorgt für Riesenärger. Schließlich schaltete sich Justiz-Vollzugsdirektor General Peter Prechtl ein. Immerhin hatte man bereits einen Fahrschulbesitzer kontaktiert, der die 32-Stunden-Theoriekurse im Gefängnis abhalten sollte. Doch angesichts der Protestwelle gegen diese „Belohnung" der jungen Häftlinge – viele Bürger sehen nicht ein, weshalb die jungen Straftäter den Führerschein geschenkt bekommen sollen – findet sich ein Verein, der für die Kosten der Fahrschule hinter Gittern aufkommen soll.

Abgeordneter Christian Lausch deckt auf, dass Pläne für Gratis-Fahrschulkurse hinter Gittern angedacht sind. ▼

Krone-Chronik Jänner 2015

- Ein verurteilter Betrüger freut sich über sein kurzes Gastspiel hinter Gittern in Linz: Wegen seiner Namensgleichheit mit einem verurteilten Dealer öffnen sich die Tore in die Freiheit um vier Monate zu früh für ihn.
- Lotte Hass (86), die Witwe des Meeresforschers Hans Hass – mit ihm schrieb sie Tauchgeschichte – stirbt in Wien.
- Nach dem Tod des saudiarabischen Königs Abdullah ist Queen Elizabeth II. mit 88 Jahren älteste Regentin der Welt.

„Goldene" Titelkämpfe für

Mit neun Medaillen ist Vail-Beaver-Creek eine Reise wert

Die vierterfolgreichste Weltmeisterschaft in der Geschichte

Gold in Kombi, Silber für Adler
Bei der Nordischen WM im schwedischen Falun gewinnen wir fünf Medaillen. Bernhard Gruber triumphiert in der Kombination, Adler Gregor Schlierenzauer holt Silber auf der Großschanze und im Team.

Auch Ski-Ass Marcel Hirscher bezwingt die Raubvogelpiste und zeigt vor dem berühmten Adler in Beaver Creek stolz seine Goldenen.

Die Ski-Weltmeisterschaften in Vail-Beaver-Creek sind für die rotweißroten Asse eine Reise wert. Bei den Titelkämpfen in Amerika erobert unser starkes Team insgesamt neun Medaillen – die vierterfolgreichste Bilanz in der Geschichte. Mit jeweils zwei „Goldenen" stechen Marcel Hirscher und Anna Fenninger heraus.

Die nicht gerade skibegeisterten USA präsentieren sich bei der 43. Alpinen Ski-Weltmeisterschaft mit perfekten Pisten und durchwegs bestem Wetter von ihrer besten Seite. Zudem sorgt die heiße Liebe im Schnee zwischen Golf-Superstar Tiger Woods und Lindsey Vonn für Schlagzeilen. Angefeuert von ihrem Freund holt das US-Girl in ihrer Heimatstadt allerdings nur eine Bronzemedaille.

Zu Abräumern aus heimischer Sicht werden vor den Augen des „Krone"-Sportteams Robert Sommer, Peter Frauneder, Georg Fraisl, Matthias Mödl und Vera Lischka unsere beiden Salzburger Superstars Anna Fenninger und Marcel Hirscher. Die „Miss Ski" triumphiert in Super-G sowie Riesentorlauf und kommt in der Abfahrt noch auf den zweiten Platz. Dieselbe Medaillenausbeute – zwei Goldene und eine Silberne – hat der 26-Jährige vorzuweisen. In der Kombination und beim Teambewerb mit der Mannschaft ganz oben auf dem Treppchen muss er sich im Riesentorlauf nur Lokalmatador Ted Ligety geschlagen geben. Die fünfte Goldene holt Hannes Reichelt im Super-G. Die Medaillen acht und neun gewinnen Nicole Hosp und Michaela Kirchgasser in der Damen-Kombi.

Sein letztes Rennen endet für Bode Miller nach Sturz im Spital

die rotweißroten Ski-Asse

MEDAILLENSPIEGEL 2015

VAIL	GOLD	SILBER	BRONZE	GESAMT
1 Österreich	5	3	1	9
2 USA	2	1	2	5
3 Slowenien	2	1	0	3
4 Schweiz	1	0	2	3
5 Frankreich	1	0	2	3
6 Deutschland	0	2	1	3
7 Kanada	0	2	0	2
8 Schweden	0	1	2	3
9 Norwegen	0	1	0	1
10 Tschechien	0	0	1	1

Drei Rennen, drei Medaillen! Unsere schöne „Miss Ski" Anna Fenninger (25) wird mit zwei Goldenen und einer Silbernen zum Superstar dieser US-Weltmeisterschaften. Nur in der Abfahrt muss sie sich der starken Slowenin Tina Maze geschlagen geben.

Promi-Fans: Golf-Superstar Tiger Woods und Volks Rock'n' Roller Gabalier.

▲ Damen-Power: Nicole Hosp (li.) und Michaela Kirchgasser. Hannes Reichelt (rechts) triumphiert im Super-G.

In Villacher Polizei-Anhaltezentrum erstickt:

Toter bei Brand in Zelle

Tragisch endet für einen Spanier das Faschingswochenende in Villach. Der junge Mann stirbt bei einem Brand im Polizei-Anhaltezentrum. Dorthin war der 28-jährige Südländer gebracht worden, nachdem er betrunken in einem Nachtclub randaliert hatte und auch auf Polizisten losging. Vermutlich dürfte er sich trotz Rauchverbots in seiner Zelle eine Zigarette angezündet haben und dann eingeschlafen sein. „Krone"-Redakteur Martin Radinger: „Für den Spanier kommt jede Hilfe zu spät, er erstickt an den giftigen Rauchgasen."

Neues Attentat wegen Mohammed-Karikatur

Wieder ein islamistisches Attentat wegen Mohammed-Karikaturen, diesmal in Kopenhagen. Schüsse auf ein Café richten sich gegen den Zeichner Lars Vilks – ein Gast stirbt, später tötet der jordanische Killer noch einen Synagogen-Wachmann, bevor er selbst von der Polizei erschossen wird.

***Star-Treffen** beim „Krone"-Konzert in der Wiener Stadthalle! California Girl Katy Perry (30) lacht mit dem ehemaligen Gouverneur Arnold Schwarzenegger hinter den Kulissen. Die 67-jährige steirische Eiche war mit seiner Freundin Heather Milligan nach Österreich gereist. Bei der Pop-Show in Wien mit dabei war auch US-Botschafterin Alexa Wesner.*

Prozess bewegt USA:

Lebenslang für „Sniper"-Mörder

Der Krieg macht seine „Helden" kaputt. Amerika bewegt der aufsehenerregende Prozess um die Ermordung des berühmtesten US-Scharfschützen durch Marine-Veteran Eddie Ray Routh. „American Sniper" Chris Kyle (seine Autobiografie ist Vorlage für eine Clint-Eastwood-Verfilmung) soll im Irak mindestens 160 Menschen erschossen haben. Wieder zurück in der Heimat, kümmerte er sich um Ex-Kameraden, die durch den Krieg psychische Störungen erlitten hatten. Bei einem solchen Gespräch auf einem Schießstand wird Kyle von dem betrunkenen und bekifften 27-jährigen Angeklagten erschossen. Das Urteil: lebenslang.

„American Sniper" Kyle (o.) – von Kriegsveteran Routh (li. und kl. Bild) getötet.

Krone-Chronik Februar 2015

- Im sonst so ruhigen kanadischen Neuschottland verhindert die Polizei ein geplantes Blutbad von Jugendlichen in einem Einkaufszentrum.
- Wütende Proteste gegen Gewalt an Frauen in der Türkei. Auslöser ist die Bluttat an einer Studentin (20). Die junge Frau wird von einem Busfahrer erstochen, weil sie sich gegen seinen Vergewaltigungsversuch wehrt.
- Die Bevölkerungszahl in Österreich steigt mit Jahresbeginn auf exakt 8,579.747 Einwohner an – das Plus von knapp 72.000 gegenüber dem Vorjahr ist durch Zuwanderung bedingt.
- Der US-Geheimdienstskandal um abgehörte Handy-Gespräche ist noch ärger: Die NSA hat die Codes von Milliarden SIM-Karten geknackt.

Wirtschaftsflüchtlinge strömen nach Österreich ● Erfolg mit Inseraten-Kampagne

Massenansturm aus dem Kosovo

Massenansturm aus dem Kosovo! 30.000 Wirtschaftsflüchtlinge kehren binnen weniger Monate dem Armenhaus Europas in Richtung „goldener Westen“ den Rücken. Auch in Österreich steigen die Asylanträge sprunghaft an. Innenministerin Mikl-Leitner reagiert mit der Inseraten-Kampagne „Schlepper lügen“.

Um die Massenauswanderung zu stoppen, will die Innenministerin aufklären, „dass die Menschen betrogen werden. Es gibt in Österreich keine Chance auf Asyl und auch kein Geld für einen Antrag“. „Krone“-Redakteurin Sandra Ramsauer begleitet Johanna Mikl-Leitner während des Besuches bei Kosovos Premierminister Isa Mustafa. Dieser richtet einen dramatischen Appell an seine Landsleute: „Kommt zurück, bevor die Lage eskaliert! Hier wartet Arbeit auf euch.“

Die Innenministerin erinnert in diesem Zusammenhang auch an das Österreich der Nachkriegsjahre: „Unsere Eltern und Großeltern standen vor dem Nichts. Aber sie haben angepackt und ihr Land wieder aufgebaut. Wir verdanken ihnen alles.“ Tatsächlich kann mit ganzseitigen Inseraten-Kampagnen der Strom der Wirtschaftsflüchtlinge eingedämmt werden.

▲ *Innenministerin Mikl-Leitner und Premier Mustafa: Inserate gegen Schlepper-Mafia.* ▶

▲ *Tausende Kosovaren flüchten zusammengepfercht in Autos (li.) oder zu Fuß aus dem Armenhaus Europas. Die Massenauswanderung ist für die EU ein Problem.*

Mega-Bankraub per Internet

Eine Hacker-Bande hat zwei Jahre lang bis zu 100 Kreditinstitute weltweit ausgeraubt und dabei etwa eine Milliarde Dollar erbeutet. Aufgedeckt wird der gigantische Internet-Bankraub von der russischen IT-Sicherheitsfirma Kaspersky Lah gemeinsam mit Interpol und Europol. Betroffen sind Banken, Bezahldienste und andere Institute in etwa 30 Ländern.

◀ *Hose runter: Moderator Harris. Regisseur Iñárritu (o.) gewinnt mit „Birdman" drei Oscars. Julianne Moore kann sich bei der fünften Nominierung endlich den Namen in die Statue eingravieren lassen (re.)*

Vier Preise, darunter „Bester Film", für Showbusiness-Satire

„Birdman" ist der Oscar-Star

Selbst die heruntergelassenen Hosen von Moderator Neil Patrick Harris bringen in die fade Oscar-Nacht keinen rechten Schwung. Sieger der diesmal müden Gala in Los Angeles ist die Showbusiness-Satire „Birdman" mit vier Filmpreisen. Beste Hauptdarstellerin ist die wunderbare Julianne Moore.

Abräumer des Abends ist Alejandro González Iñárritu: Als „Birdman"-Mitproduzent erhält er Preise für „Bester Film" sowie Regie und Originaldrehbuch. Bester männlicher Hauptdarsteller ist Eddie Redmayne („Entdeckung der Unendlichkeit") für seine Rolle des an einer Nervenkrankheit leidenden Physikgenies Hawking, beste Nebendarsteller sind Patricia Arquette („Boyhood") und J. K. Simmons („Whiplash").

Für mehr Aufregung an dem Galaabend sorgen die Roben der Stars. Gwyneth Paltrow etwa trägt ein asymmetrisch geschnittenes blassrosa Kleid. „Gone Girl" Rosamund Pike zeigt in roter Spitze von Givenchy viel Bein, und Reese Witherspoon setzt mit Tom Ford auf eleganten Kontrast.

Brücke stürzt auf ÖBB-Bahnstrecke

Haarscharf einer Katastrophe entgehen Dutzende Fahrgäste eines Railjets. Denn nur rund eine Minute, nachdem der ÖBB-Zug die Strecke passiert, stürzen 800 Tonnen schwere Teile der im Bau befindlichen S35-Straßenbrücke auf die darunter führenden Gleise in Frohnleiten (Stmk.)! Täglich verkehren dort um die 100 Züge, der Schaden geht in die Millionen.

256 Falschparker als Autodiebe überführt

Hunderte Parksheriffs strömen täglich in der Bundeshauptstadt auf der Jagd nach Falschparkern aus. Die Weißkappler haben sich quasi als „Hilfssheriffs“ auf Wiens Straßen, aber auch als verlängerter Arm der Polizei bewährt. Die Jahresbilanz kann sich jedenfalls sehen lassen. „Die Rathausmitarbeiter können anhand der Kennzeichen binnen zwölf Monaten 256 gestohlene Fahrzeuge auffinden“, erklärt „Krone“-Redakteurin Martina Münzer.

***Sieger der „Krone“-Fußballerwahl** sind wieder das Traumpaar Lisa Marie Zmek und David Alaba. Bei der bereits 48. Auflage unserer Kicker-Kür setzen sich nach 3.366.551 abgegebenen Stimmen wie im Vorjahr die hübsche Burgenländerin und der Bayern-Jungstar durch. Zum Trainer des Jahres wird Teamchef Marcel Koller gewählt. Mit dabei beim „Krone“-Fußballfest im Studio der Österreichischen Lotterien in Wien ist auch Herausgeber Dr. Christoph Dichand.*

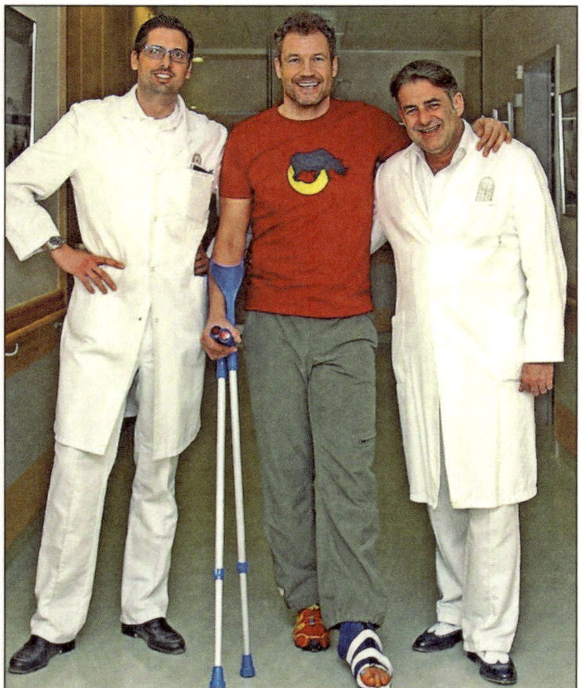

***Der Ex-Skirennläufer** und TV-Star Armin Assinger wird bei einem Skiunfall in Großarl im Pongau (Salzburg) schwer verletzt. Der Moderator der „Millionenshow“ verliert bei einem Videowerbedreh die Kontrolle über seine Bretter. Bei dem Sturz reißt sich Assinger die linke Achillessehne. Wenige Tage nach dem erfolgreichen Eingriff im Krankenhaus Schwarzach kann der 50-Jährige auf Krücken schon wieder das Spital verlassen.*

Wenige Wochen nach vorzeitiger Haftenlassung

Doppelmörder liefert sich Feuergefecht mit Polizei

Es ist ein Justizskandal: Wenige Wochen, nachdem ein zu lebenslang verurteilter Doppelmörder nach 24 Jahren vorzeitig aus der Haft entlassen wird, liefert er sich ein Feuergefecht mit der Polizei. Bei dem Kampf auf Leben und Tod fallen mindestens 25 Schüsse.

Gemeinsam mit einem weiteren „Häfenbruder“, der selbst schon 40 Jahre hinter Gittern gesessen ist, wird Amyn Radwan Gindia maskiert beim Lieferanteneingang eines Diskontmarktes in Wien von Polizisten gestellt. Der verurteilte Doppelmörder – er tötete einen Gendarmen und einen Dealer – hat nichts zu verlieren. Er will nicht noch einmal hinter Gittern. Mit den Worten „Ich erschieße euch“, zieht der Berufsverbrecher eine Pistole und drückt ab.

Nach kurzer Flucht kommt es in einer Gartensiedlung zum finalen Showdown. Dreimal getroffen, will der gebürtige Libanese noch eine scharfe Handgranate auf die Beamten schleudern. Doch diese können ihn dann doch überwältigen.

Blutspuren auf dem Gartenweg. Die scharfe M75-Handgranate aus Ex-Jugoslawien (oben).

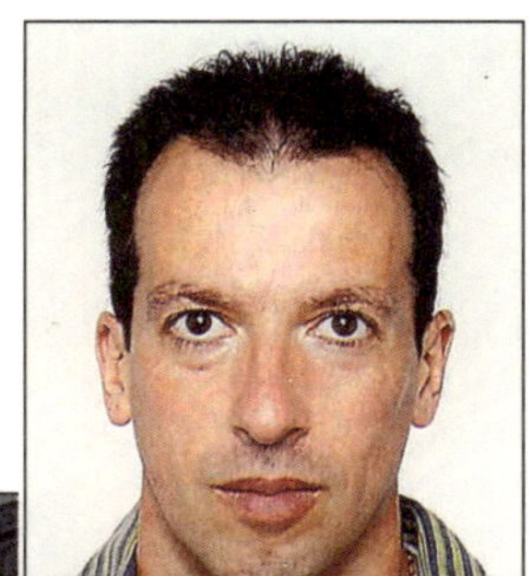

▲ Gindia heute und 1990 als Doppelmörder (li.) auf der Anklagebank. Ein Richtersenat lässt ihn vorzeitig frei.

◄ *Ein Separatist der selbsternannten Volksrepublik. Särge mit ukrainischen Soldaten zeugen von Gefechten.* ▼

▲ *Zerstörung allerorts wie hier im umkämpften Donezk. Russische Soldaten, angebliche Freiwillige, kämpfen Seite an Seite mit Rebellen gegen die ukrainischen Regierungstruppen. Putin, Hollande, Merkel und Poroschenko beim* ◄ *Friedensgipfel.*

Bis Februar laut UNO 6000 Tote in dem Konflikt mit pro-russischen Separatisten

Brüchiger „Frieden“ in Ukraine

Nach der Halbinsel Krim greift Kreml-Zar Wladimir Putin nun auch nach der Ost-Ukraine. Es toben heftige Gefechte rund um die selbsternannte Volksrepublik Donezk zwischen pro-russischen Rebellen und Regierungstruppen. Schließlich kommt es bei einem Vierer-Gipfel zu einem brüchigen Friedensabkommen.

In Weißrussland treffen sich auf Vermittlung von Deutschlands Kanzlerin Angela Merkel und Frankreichs Staatspräsident François Hollande Russlands starker Mann Wladimir Putin sowie der ukrainische Präsident Petro Poroschenko. Nach einem Nervenkrimi im Minsker-Friedensgipfel kommt es schließlich doch zu einem Abkommen. Sowohl die Regierungstruppen als auch die pro-russischen Rebellen ziehen sich samt schweren Waffen zurück und vereinbaren ein Einfrieren der Front samt Pufferzone.

Doch der Waffenstillstand ist äußerst brüchig und wird von beiden Seiten immer wieder unterwandert.

Wohl um die Teilnahme regulärer russischer Soldaten an dem Konflikt (neben fehlender Hoheitsabzeichen und Nummernschildern an den Militärfahrzeugen) zu verschleiern, unterzeichnet Zar Putin ein Dekret, wonach die Zahl der toten Soldaten in den Reihen der russischen Armee in Friedenszeiten als Staatsgeheimnis gilt. Bei Missachtung drohen bis zu sieben Jahre Haft.

Laut trauriger Februar-Bilanz der Vereinten Nationen sind bisher mehr als 6000 Menschen beim Krieg in der Ost-Ukraine ums Leben gekommen.

Die Erde trauert um „Mr. Spock“

Als „Vulkanier“ mit den spitzen Ohren (li.) erlangt Schauspieler Leonard Nimoy Weltruhm. Jetzt stirbt der 83-Jährige in seinem Haus in Bel Air (USA). Die Nachricht über das Ableben des Schauspielers verbreitet sich unter den Star-Trek-Fans in Lichtgeschwindigkeit.

Kronen Zeitung

Der Villacher Fasching feiert sein 60-jähriges Jubiläum. Die Regentschaft seiner Tochter, „Prinzessin" Sophia, bewegen „Apotheker" Ali Telesko zum Comeback (re.). Heißblütig brasilianisch geht es bei den Umzügen der Tänzerinnen des Karnevals in Rio de Janeiro (u.) zu.

Britisches Urlauberkind auf Mölltaler Gletscher

500-Meter-Sturz wegen Handyselfie: Bub überlebt

„Ich dachte, das war es jetzt, und ich muss sterben!" Mit dramatischen Worten schildert das britische Urlauberkind Jack Fox den „Teufelsritt" am Mölltaler Gletscher in Kärnten. Der 14-Jährige rutscht bei einem Handyselfie aus und stürzt 500 Meter in die Tiefe.

Beim Anfertigen des Selbstporträts mit seinem Smartphone verliert der Bub den Halt und schlittert eine Gletscherrinne hinab. Er war für das Foto zuvor neben der Bergstation des „Gletscher-Jets" zum Schareck-Gipfel geklettert. Wie durch ein Wunder überlebt der 14-jährige britische Bub den 500-Meter-Sturz. „Krone"-Redakteur Hannes Wallner: „Nach nur einem Tag kann er das Krankenhaus lediglich mit einbandagierten Armen und blauen Flecken schon wieder verlassen."

Zu Hause in England schildert Jack Fox dann das Wintersport-Drama während des Schulskikurses: „Ich hatte mit meinem Leben schon abgeschlossen. Jetzt geht es mir aber schon wieder viel besser, trotz der Blessuren."

Krone-Chronik Februar 2015

- Weil er dem indischen Tabak-Tycoon Mohammed Nisham nicht schnell genug das Tor öffnet, fährt der Millionär seinen Wachmann mit einem Hummer an und prügelt das Opfer dann zu Tode.
- Die Zahl der übergewichtigen Kinder steigt weltweit drastisch an – Kinder in den USA wiegen heute im Schnitt fünf Kilo mehr als ihre Altersgenossen vor 30 Jahren.
- Spektakuläre Bilder beim Brand im 50. Stock von „The Torch", einem der höchsten Wolkenkratzer der Welt in Dubai. Hunderte Bewohner fliehen auf die Straße.

Schumacher-Scheidung

Schlussstrich nach 13 Ehejahren: Nach einer vierstündigen Gerichtsverhandlung im Salzburger Bergheim gehen Ex-Formel-1-Rennfahrer Ralf (38) und Cora Schumacher (39) getrennte Wege. Zuvor liefert sich das ehemalige Glamour-Paar der Salzburger High Society einen Rosenkrieg, im Zuge dessen begibt sich die attraktive Blondine sogar in ärztliche Behandlung. Einzig das Sorgerecht um Sohn David (13) ist kein Streitthema.

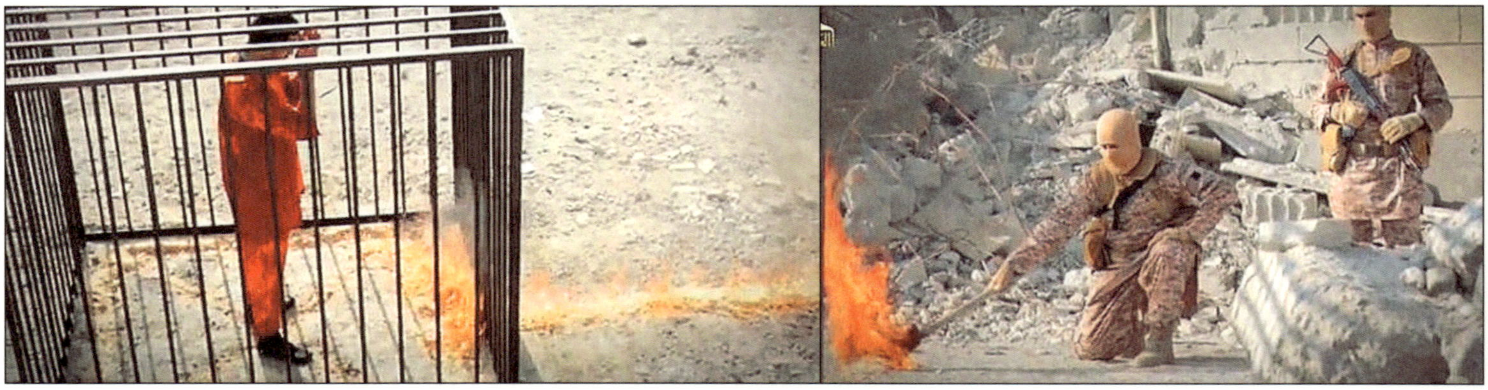

Die IS-Barbaren haben den Feuertod des jordanischen Piloten mitgefilmt und die unermessliche Grausamkeit stolz ins Internet gestellt.

Grausamer Feuertod eines gefangenen Piloten ruft weltweites Entsetzen hervor

Jordanien will Rache für IS-Terror

Weltweites Entsetzen und Abscheu vor der unermesslichen Grausamkeit der Terroristen des Islamischen Staates (IS) löst der schreckliche Feuertod des jordanischen Kampfjet-Piloten Muaz al-Kasabeh aus. König Abdullah bläst zum Rachekrieg gegen den IS.

In vielen Städten gehen Menschen auf die Straßen, halten Kerzen und Bilder des auf so schreckliche Weise ermordeten Piloten in die Höhe und fordern, dass die Angriffe der US-geführten Anti-IS-Allianz massiv verstärkt werden. Der jordanische König Abdullah werde mit einem gnadenlosen Krieg auf die barbarische Ermordung reagieren, heißt es. „Wir führen diesen Krieg, um unseren Glauben, unsere Werte und unsere menschlichen Prinzipien zu schützen", sagt der Haschemiten-König in Amman. Nachdem der Flammentod des Piloten bekannt geworden war, ordnete die jordanische Regierung die sofortige Vollstreckung des Todesurteils gegen die Terroristin Sadschida al-Rischawi sowie einen weiteren IS-Kämpfer an. Beide werden im Gefängnis gehenkt.

Jordaniens König Abdullah, selbst ausgebildeter Elite-Soldat und Pilot, kündigt Rache gegen den IS an.

***DER KARNEVAL IN VENEDIG** steht heuer unter dem Motto „Das köstlichste Fest der Welt". Und er wird auch anno 2015 mit dem legendären Engelsflug, dem „Volo dell'Angelo", vom Campanile aus eröffnet. Der älteste dokumentierte Karneval fand bereits 1286 statt. Großen Stellenwert nahmen von Anfang an die Karnevalsmasken ein. Sie tragen auch heute noch zur unnachahmlichen Aura des venezianischen Festes bei.*

Krone-Chronik Februar 2015

- Knapp vier Jahre nach der Katastrophe von Fukushima (11. 3. 2011) gibt Japan bekannt, wieder Atomkraftwerke ans Netz bringen zu wollen – trotz großer Vorbehalte von Seiten der Bevölkerung.
- Schauspielerin Elisabeth Orth (79), Tochter von Paula Wessely und Attila Hörbiger, wird zur Doyenne des Wiener Burgtheaters ernannt.
- 276.000 Illegale strandeten im Vorjahr in der EU – geschleppt von skrupellosen Menschenhändlern. Und die werden immer dreister: Die Polizei greift Schlepper auf, die Flüchtlinge per Ambulanz-Wagen (!) durch halb Europa chauffierten.

Kronen Zeitung
UNABHÄNGIG

***Als Quotenhit** etablieren sich die „Vorstadtweiber" bereits zur Staffelhalbzeit. 816.000 Seher sind ein Riesenerfolg. Nina Proll, Maria Köstlinger, Gerti Drassl & Co. trumpfen mit der Persiflage auf die feine Gesellschaft der Wiener Nobelbezirke auf. Mehr als erfreulich: Es wird auch eine zweite Staffel des ORF-Hits geben.*

Schneebretter gehen serienweise ab:

Lawinenhorror ohne Ende in den Alpen!

Zwölf Tote an einem einzigen Wochenende – der Lawinenhorror in den Alpen scheint kein Ende zu nehmen. Sowohl in Österreich als auch in Deutschland und der Schweiz fordert der „weiße Tod" Anfang Februar serienweise Opfer. Deshalb droht die Exekutive Auslösern von Schneebrettern sogar die Haft an!

So macht die Polizei auf zwei „Auslöser" Jagd, die am Hochkar (NÖ) eine Lawine losgetreten haben. In diesem Fall geht es um fahrlässige Körperverletzung. „Pisten-Täter" haben mit einer Strafe von bis zu sechs Monaten zu rechnen.

In Vorarlberg ist die Trauer um zwei Lawinenopfer besonders groß. Denn Bergretter Thomas B. (45), der selbst schon oft Opfer aus Schneemassen befreit hat, wird im Bregenzerwald von einer 220 Meter langen und 70 Meter breiten Lawine getötet. Seine Frau Juliane (32) wird noch per Helikopter ins LKH Feldkirch geflogen. Doch auch sie verliert den Kampf gegen den Tod; das Paar hinterlässt einen Sohn. Auch Valentin K. überlebt einen Lawinenabgang nicht. Obwohl Einsatzkräfte den 18-jährigen „Walli" am Kitzbüheler Horn aus dem Schnee befreiten, stirbt der Teenager.

Für Aufregung sorgt dann die unverantwortliche Tour eines Bergführers im Gesäuse (Stmk.): Er marschiert mit 40 Alpinisten im Schlepptau auf einen Gipfel. Die Gruppe tritt ein gewaltiges Schneebrett los – wie durch ein Wunder wird aber niemand verletzt.

▲ Die Macht des „weißen Todes" erfasst das Ehepaar Thomas & Juliane B. im Bregenzerwald – „Walli" (re.) stirbt in Tirol.

▲ *Organisatorin Desireé Treichl-Stürgkh defiliert über die Feststiege. Im Glück: Andi Gabalier & Silvia Schneider* ▼

Wunderbar: Harald, Inge und Daniel Serafin (ob.). Brillant: Moderatorenduo Mirjam Weichselbraun & Alfons Haider ▶

▲ *Hahn im Korb: Der smarte ADABEI Norman Schenz mit Unternehmergattin Kathrin Glock & Supermodel Naomi Campbell.*

Campbell und Glock überraschen ● Berger

59. Opernball:

Maestro Ingo Metzmacher hebt den Taktstock. Bundespräsident Fischer hat seine Loge bezogen. Und 5150 Gäste sind bereit, die Nacht der Nächte zu feiern. Klarer Fall, es ist wieder Opernball! Auch in der 59. Auflage wird vor allem der Gang über das gesellschaftlich so glatte Parkett für manche zum Spießroutenlauf.

„Nur logisch, dass Operndirektor Dominique Meyer den Parkettlauf bravourös beherrscht und sich ohne Nervosität über eine tolle Ballnacht für Künstler und Gäste freut", so der „Krone"-Adabei-Sir Norman Schenz in seinem nobel-amüsanten Festbericht. Somit liegt es auf der Hand, egal, ob es das Staatsballett – in einer Choreographie von Evelyn Téri – ist oder die Sänger der Eröffnung Carlos Álvarez, Olga Bezsmertna und Aida Garifullina sind, alle feiern ein „Künstlerfest".

„Genauso ist es auch gewollt", erzählt Organisatorin Desirée Treichl-Stürgkh. Ob sie einer der berühmt-berüchtigten Gästelisten-Ausreißer noch aus der Bahn werfen kann? „Aber geh!" Sie ist doch Richard-Lugner-geprüft.

Und selbst der war – mittlerweile altersmilde? – fast nobel zurückhaltend bei der Wahl seines Logenaufputzes. Oder hatte er sich am Ende mehr von der Ex von George Clooney, der mittlerweile verheirateten Elisabetta Canalis, erwartet? Mitunter ein inszenierter, kurzer Blitzer war zu wenig. Helmut Berger hatte schon eher für Aufregung gesorgt. Als Gast der deutschen Party-Unternehmer „Botox-Boys" löste er in deren Loge Rauchalarm aus. Kurze Aufregung – um nichts! Man wird auf der Suche nach Zigarettenstummeln nicht fündig. Und kurz darauf ist der einstige Weltstar Helmut Berger – bekennender Freund des blauen Qualms – eine Wolke. Anders als Harald Glööckler, der mit Dieter Schroth Hochzeit feiert. Indes logiert – als Überraschungsgast des Abends – Naomi Campbell bei Unternehmergattin Kathrin Glock und flüstert unserem ADABEI zu: „Ihr hier in Wien wisst wirklich, wie man tolle Feste feiert."

löst Rauchalarm aus ● Elisabetta Canalis blitzt ● Glööckler verliebt ● Larissa turtelnd

Ein Staatsakt im Dreivierteltakt

Gastgeber Dominique Meyer & Bundespräsident Heinz Fischer

▲ *Posieren für die „Krone": Larissa & Freund Whitney Sudler.*

▲ *Aufreger: Canalis mit blitzendem Dekolleté – und Wiens Enfant terrible Helmut Berger* ▶

▲ *ÖBB-Chef Kern mit Häupl-Gattin Barbara (li.) & Bürgermeister mit Kerns Ehefrau Evelyn.*

Als Folge von steigender Arbeitslosigkeit

Steuerlast lässt

Die Spirale dreht sich bedenklich nach oben – oder auch nach unten, je nach Sichtweise: Nach neuesten Berechnungen wird der Pfusch am Bau und anderswo in den kommenden Monaten förmlich explodieren. Wie Experten bereits im Februar warnen, wird die „Schattenwirtschaft" auf rund 21 Milliarden Euro anwachsen.

Depp unter der Haube! *Endlich hat Hollywoodstar Johnny Depp einen echten Grund, um mit Freunden ein feuchtfröhliches Fest zu feiern. Am 3. Februar heiratet der 51-Jährige still und heimlich seine Amber Heard auf seinem Luxus-Anwesen in Los Angeles im kleinen Kreis. Seit 2011 sind die beiden ein Paar, 2012 folgte die Verlobung – ein Prosit auf die beiden!*

Die Ursache der explodierenden Schwarzarbeit: Arbeitslosigkeit und steigende Steuern! Hand aufs Herz, welcher Häuslbauer hat nicht schon einmal auf einen Pfuscher zurückgegriffen? „Der Einzelfall wäre aber auch noch kein Problem. Die Summe macht's aus. Denn in Österreich blüht die Schattenwirtschaft durch die Krise so richtig auf", so ein Insider. Der renommierte Volkswirtschaftsprofessor Friedrich Schneider wird aber noch deutlicher. Denn

Richtig zur Sache *geht es in der Verfilmung des Bestsellers der Autorin E. L. James „50 Shades of Grey". Die Hauptdarsteller Jamie Dornan und Dakota Johnson liefern 20 Minuten Sexszenen, die alles, nur keinen Hausfrauenporno darstellen. Kurios: Bei Baumärkten sorgt der Film für ein Hochgefühl: Viele Kunden decken sich nach dem Sadomaso-Streifen mit Ketten und Klebebändern ein.*

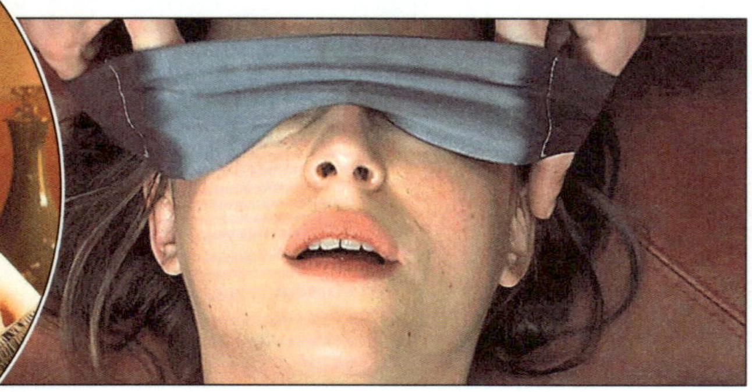

Krone-Chronik Februar 2015

● Carl Djerassi, der Erfinder der Antibaby-Pille, stirbt 91-jährig in San Francisco. Der gebürtige Wiener wurde 1951 nach seiner Synthetisierung des Schwangerschaftshormons Gestagen „Mutter der Pille" genannt.

● Keinen Tag länger als unbedingt nötig arbeiten – das ist das Motto heimischer Beamten. Nur 3% der Männer und 1% der Frauen im öffentlichen Dienst gehen erst mit 65 Jahren, dem gesetzlichen Pensionsantrittsalter, in den Ruhestand.

● Um Himmels willen! Den Dieben ist offenbar auch nichts mehr heilig. Im beschaulichen Marienwallfahrtsort Rattersdorf im mittleren Burgenland klettern Langfinger auf das Kirchendach. Sie montieren kurzerhand alle Kupferdachrinnen des Gotteshauses ab.

● Abgaben fördern Schattenwirtschaft

Pfusch blühen!

Pfusch beim Häuslbau – Arbeitsrealität 2015

nach seinen Berechnungen wird die Summe der illegalen Arbeit anno 2015 zum dritten Mal in Folge wachsen. Und zwar auf geschätzte 21,35 Milliarden Euro. Das sind schon 8% der Gesamtwirtschaftsleistung!

Die exorbitant hohe Last an Steuern und Sozialabgaben sowie die gallopierende Arbeitslosigkeit treiben viele förmlich in die Illegalität.

Dem Staat entgehen dadurch Abgaben in der Höhe von rund 3,5 Milliarden Euro.

Die höchsten „Pfusch-Raten" weisen übrigens Bulgarien (30%), Rumänien (28%) und Kroatien (27%) auf. Weltweit am bravsten: Die USA mit 5,9% Schattenwirtschaft.

Lokalaugenschein von Minister Kurz in Kurdistan

Nur die Kurden bieten den IS-Barbaren die Stirn . . .

„Hohe Betonmauern entlang der Straßen, ein Checkpoint mit einem Maschinengewehrnest nach dem anderen, an jeder Ecke ein gepanzerter Humvee aus US-Beständen mit schussbereitem MG, die Besatzung den Finger stets am Abzug – Bagdad gleicht einer belagerten Stadt", so beschreibt „Krone"-Außenpolitikredakteur Christian Hauenstein die angespannte Situation im Irak. Schließlich sind während des Lokalaugenscheins mit Außenminister Sebastian Kurz die Einheiten der Terrormiliz des Islamischen Staates (IS) nur wenige Dutzend Kilometer entfernt. Kurz besucht auch kurdische Kämpfer, die den Barbaren die Stirn bieten – und zollt ihnen vollen Respekt.

Mit dem Mut der Verzweiflung kämpfen auch kurdische Frauen (li.). – Minister Kurz in einem Flüchtlingslager

***„Schlaflos"**, so heißt eine alles andere als zum Schlafen anregende Ausstellung des Wiener Belvederes im 21er Haus. Das Bett in Geschichte und Gegenwartskunst wird vielseitig präsentiert. Auch Popgöttin Madonna (ob.) ist in pikanter Pose auf einem Bett zu sehen – Liegestätten als Bett-Performances!*

Doppelte Aufregung *um unseren Stratosphären-Helden Felix Baumgartner. Zuerst stellte der 45-Jährige auf Facebook nach Fremdgehgerüchten klar, dass die rumänische TV-Beauty Mihaela Radulescu (45) „die Liebe meines Lebens ist" – dann offenbart der Astro-Felix, Schweizer werden zu wollen.*

Beeindruckende Aufnahme *vom Testflug der „Solar Impulse 2" vor der geplanten Erdumrundung über der Scheich-Zayed-Moschee in Abu Dhabi. Die Schweizer Luftfahrtpioniere Bertrand Piccard und André Borschberg wollen den Rekordflug ohne einen Tropfen Treibstoff schaffen. Der mit 17.248 Solarzellen ausgestattete Flieger hat mit 72 Metern eine größere Flügelspannweite als eine Boeing 747, wiegt aber nur 2,3 Tonnen.*

Boris Nemzow stirbt durch vier Schüsse

Putins Gegner vor dem Kreml ermordet

Nächtlicher Meuchelmord vor Putins Haustüre nahe dem Kreml an einem unerschrockenen politischen Gegner: Boris Nemzow, scharfer Kritiker Putins und seiner Ukraine-Politik, wird beim Spaziergang mit einem Model von vier Schüssen tödlich getroffen.

Als Boris Nemzow mit seiner Freundin, dem Fotomodel Anna Durizkaja, auf der Großen Moskwa-Brücke unterwegs ist, peitschen die Schüsse durch die Nacht. Nur wenige Tage später werden fünf Verdächtige aus dem muslimisch geprägten Tschetschenien und benachbarten Kaukasusrepubliken als mutmaßliche Mörder verhaftet. Für die Anhänger des Oppositionspolitikers sind aber deren angeblich islamistische Motive wegen der Unterstützung Nemzows' für die französische Satirezeitung „Charlie Hebdo" nach den Anschlägen in Paris blanker Unsinn. Sie vermuten vielmehr die lange Hand Putins bzw. seiner Gefolgsleute wie Tschetscheniens Präsident Ramsan Kadyrow hinter dem Killerkommando.

Krone-Chronik März 2015

- Nach einer Facebook-Verabredung unter Mädchen zu einem Boxkampf in einem Park von Birmingham, US-Staat Alabama, tauchen zwei Burschen mit Pistolen auf. Die 14-jährige Kierra'onna Rice wird erschossen.
- Berührende Geschichte: Die 18 Monate alte Lily überlebt 14 Stunden in einem Autowrack. Ihre Mutter jedoch wird bei dem Unfall im US-Staat Utah getötet.
- Japans Atom-Katastrophe nach einem Beben samt gewaltigem Tsunami in Fukushima jährt sich zum vierten Mal. In der Region leben noch rund 93.000 Menschen in Notunterkünften.

Blumen am Tatort. Die Leiche liegt praktisch vor Putins Haustüre nahe dem Kreml (links).

Finanzminister zieht die Notbremse ● Kein weiteres Geld vom Steuerzahler

Ex-Hypo zahlt Schulden nicht!

Das neue EU-Bankenabwicklungsgesetz macht es möglich: Mit einem sonntäglichen Knalleffekt zieht Finanzminister Hans Jörg Schelling die Notbremse und verhängt bei der Ex-Hypo einen Zahlungsstopp! Das heißt, es fließt kein weiteres Geld mehr seitens der Steuerzahler, vielmehr sollen die Gläubiger „bluten".

Die Entscheidung folgt nach einer Regierungs-Krisensitzung. Weil die Wirtschaftsprüfer bei der „Heta" (unter diesem Namen sollen die Rest-Werte der Ex-Hypo verwertet werden) ein Riesenloch von bis zu 7,6 Milliarden Euro feststellen, werden die Schulden vorerst nicht bedient. Finanzminister Schelling: „Der Steuerzahler soll mit keinem Cent mehr für diese Pleite herhalten müssen." Stattdessen sollen erstmals in der Geschichte „Gläubiger" für eine Bank bluten müssen.

Wie „Krone"-Wirtschaftschef Dr. Georg Wailand analysiert, funktioniert das so: Die „Heta" wird jetzt von der Finanzmarktaufsicht (FMA) abgewickelt. Diese ordnet einen Stopp der Schuldentilgung bis 30. Mai 2016 an. Bis dahin soll mit den Gläubigern der ehemaligen Desasterbank Hypo Alpe Adria ein Schuldenschnitt vereinbart werden. Fix scheint jedenfalls, dass diese (Versicherungen, Pensionskassen, deutsche Banken etc.) auf Milliarden verzichten müssen. Fachleute rechnen mit zahlreichen Prozessen, die sich über Jahre ziehen werden. Was der Finanzminister offenbar in Kauf nimmt. Probleme bringt der Plan für die Landeshypos. Denn die haben über eine „Pfandbriefstelle" viel Geld offen.

Der Finanzminister verhängt Zahlungsstopp für Schulden der Ex-Hypo.

Volkskongress legt Schwächen in China offen

China steht unter gewaltigem Druck. Das Wachstumsmodell stößt an seine wirtschaftlichen Grenzen, Umweltverschmutzung und soziale Probleme erreichen ein gewaltiges Ausmaß. In diesem schwierigen Klima veranstaltet die Führung den traditionellen Volkskongress. Während vor der „Halle des Volkes“ auf dem Tiananmen-Platz in Peking die Polit-Hostessen tanzen (Bild oben), ist vor den Toren der Macht dann aber rasch Schluss mit lustig (re.). Drinnen in der Halle prangert Premier Li. (ganz re. mit Präsident Xi) die Schwächen vor 3000 Delegierten dann erbarmungslos an.

Zweifacher Familienvater (39) bei Angriff auf Ölfeld von Terrormiliz verschleppt

Linzer als IS-Geisel in Libyen!

Patronenhülse im Wüstensand – stille Zeugin der Entführung von Dalibor S.

Ein Linzer in den Fängen der IS! Die Terrorgruppe Islamischer Staat verschleppt bei einem Angriff auf ein Ölfeld in Libyen den zweifachen Familienvater und Ex-Soldaten Dalibor S. (39). Es beginnt ein monatelanger Nervenkrieg um das Leben des Österreichers.

Der Techniker mit bosnischen Wurzeln gehört zu einer Gruppe von Ausländern. Bei dem Überfall auf das Ölfeld im Süden des Landes werden elf Wachleute sofort getötet. Die Geiseln werden in Lkws abtransportiert. Dalibor S. ist ein ehemaliger Elite-Soldat mit Auslandserfahrung. Beim österreichischen Bundesheer war der ausgebildete Nahkämpfer und Scharfschütze im Kosovo, Libanon und auf dem Golan im Einsatz.

Während die IS-Mörderbande ihre muslimischen Geiseln nur wenige Tage später freilässt, gibt es vom zweifachen Familienvater und weiteren verschleppten Christen keine Spur. Es beginnt ein monatelanger Nervenkrieg, in dem (vorerst) auch kein Video mit irgendwelchen Forderungen auftaucht.

1826 Milliardäre sind 6,31 Billionen € schwer

Wirtschaftskrisen und Massenarbeitslosigkeit – die Superreichen dieser Erde aber werden immer vermögender. Die vom US-Wirtschaftsmagazin „Forbes" aufgestellte Liste umfasst jetzt schon 1826 Milliardäre, fast 200 mehr als im Vorjahr. Platz 1 geht an Microsoft-Gründer Bill Gates, 116. ist mit Red-Bull-Boss Dietrich Mateschitz der reichste Österreicher.

Eltern geben ihren Kindern Suchtgift

Eine „schrecklich nette Familie" versorgt die Wiener Szene mit Kokain sowie Cannabis in rauen Mengen und setzt so 56.000 Euro pro Monat um. Die Bosse beziehen Sozialhilfe bzw. kleine Einkommen in einer Kfz-Werkstatt oder einem Zoofachgeschäft. „Ein Ehepaar macht seine Kinder süchtig, um besser Drogen verkaufen zu können", so „Krone"-Redakteur Florian Hitz.

***Mit einem eigenen Magazin** startet auch die Sportredaktion der „Krone" rasant in die heurige Formel-1-Saison. Ob jung oder alt, ob Mann oder Frau – mit dem großen „Extra", das rechtzeitig vor dem Auftakt der Motorsport-Königsklasse in Australien in den heimischen Trafiken erhältlich ist, werden alle bestens informiert. Beim Rennen in Melbourne ist dann wieder Mercedes das Maß aller Dinge. Weltmeister Lewis Hamilton triumphiert in „Terminator-Manier" bei seinem Start-Ziel-Sieg vor seinem deutschen Stallkollegen Nico Rosberg und lässt sich von Arnold Schwarzenegger auf dem Podium gebührend feiern.*

Reifenplatzer bei Flughafen-Landung:

Österreicher überlebt Airbus-Bruchlandung

230 Passagiere – unter ihnen auch zwei Österreicher – entkommen bei der Landung ihrer Maschine auf dem Flughafen von Kathmandu in Nepal einer Katastrophe. Nach einem Reifenplatzer setzt es den Airbus A 330 am Rollfeld auf die Nase.

Die Unglücksmaschine der Turkish-Airlines bleibt mit der Nase im Gras liegen. Doch trotz der Bruchlandung werden nur vier Passagiere an Bord verletzt. Neben dem Softwareentwickler aus Graz, der zu einer Trekkingtour nach Nepal wollte, kommt auch eine Niederösterreicherin mit dem Schrecken davon. Mit den Österreichern sitzen Tausende Touristen auf dem „Dach der Welt" fest: Der Flughafen von Kathmandu bleibt vorerst geschlossen.

▲ Die Passagiere flüchten. Auch der steirische Alpinist Oliver Jusinger ist an Bord der Unglücksmaschine der Turkish-Airlines. ▶

Stoßzähne gehen in Rauch auf . . .

Als beeindruckende Kampfansage an Wilderer werden in Kenia nun 15 Tonnen beschlagnahmtes Elfenbein im Nairobi-Nationalpark verbrannt. Die Vernichtung ist ein Zeichen der Politik, alle Stoßzähne von getöteten Elefanten aus dem Schmuggelverkehr zu ziehen. Laut Tierschützern ist es die größte Menge an Elfenbein, die jemals auf einen Schlag in Afrika vernichtet wurden. Kenias Staatspräsident Uhuru Kenyatta höchstpersönlich entzündet den Haufen. Durchschnittlich 30.000 der grauen Dickhäuter werden jedes Jahr in Afrika gejagt und getötet.

Das Wrack der Propellermaschine am Golfplatz. Harrison Ford bleibt nahezu unverletzt.

__ESC-Eklat__ in Deutschland. Der eigentliche Gewinner der Vorentscheidung zum Song Contest, „The Voice"-Sieger Andreas Kümmert, winkt ab und sagt: „Ich bin nicht wirklich in der Verfassung, diese Wahl anzunehmen!" Moderatorin Barbara Schöneberger ist sichtlich fassungslos. Daraufhin darf die Zweitplatzierte Ann Sophie mit dem Lied „ Black Smoke" unsere Nachbarn in Wien vertreten.

Golfplatz-Bruchlandung:

Flugzeugabsturz mit Harrison Ford

Schockmeldung für die Fans von Film-Star Harrison Ford („Indiana Jones") aus den USA. Der 72-jährige passionierte Pilot stürzt nach einem Motorschaden mit seinem Privatflieger in Kalifornien auf einem Golfplatz ab. Ford überlebt die Notlandung – laut dem Flughafensprecher von Santa Monica „fantastisch ausgeführt" – mit dem PT-22 Kampfjet aus dem Zweiten Weltkrieg nahezu unverletzt. Er kommt mit leichteren Blessuren, darunter Schnittwunden, davon.

Richterin lässt Berufungsverfahren bei Pistorius zu

Doch Mordprozess gegen Südafrikas Ex-Sportstar

Am 12. September 2014 wurde Südafrikas gefallener Nationalheld Oscar Pistorius wegen fahrlässiger Tötung seiner Freundin Reeva Steenkamp zu fünf Jahren Haft verurteilt. Im Berufungsverfahren kommt der Ex-Paralympics-Star nun wegen Mordes vor Gericht.

Alle Einwände der Pistorius-Anwälte gegen die Berufung helfen nicht, Richterin Thokozile Masipa erklärt ihre Gegenargumente für nicht ausreichend. Der 28-Jährige muss jetzt in den nächsten Monaten vor ein höheres Gericht in Bloemfontein. Bei einer Verurteilung drohen ihm mindestens 15 Jahre Gefängnis. Oscar Pistorius hatte bei der ersten Verhandlung unter Tränen im Gerichtssaal ausgesagt, seine Freundin mit einem Einbrecher verwechselt und sie deshalb durch die geschlossene Toilettentür erschossen zu haben.

„Krone"-Ombudsfrau Barbara Stöckl wird im Sozialministerium vergoldet. Die 51-Jährige erhält das Verdienstzeichen der Republik Österreich. Laudatorin Erika Pluhar bringt es auf den Punkt: „Sie arbeitet hart für ihren Beruf, sie liebt ihn auch. Sie ist unverwüstlich neugierig."

Auch dabei: Alt-Politiker wie etwa Ex- EU-Kommissar Verheugen oder der frühere SPD-Vizechef Steinbrück

Der Ex-Vizekanzler arbeitet für die Agentur eines Gas-Oligarchen:

Ukraine-Job für „Spindi"

Mit einem Paukenschlag meldet sich Michael Spindelegger auf dem politischen Parkett zurück. Und das ist glatt und explosiv! Der Ex-Vizekanzler und -Finanzminister soll die Ukraine auf neue Beine stellen. Dahinter steht eine in Wien gegründete Organisation, deren Hauptgeldgeber ein Oligarch ist.

Ukraines Gas-Oligarch und Wirtschaftsmagnat Firtasch.

Dabei handelt es sich um niemand Geringeren als um den milliardenschweren ukrainischen Gas-Oligarchen Firtasch, dessen Auslieferung die USA wegen angeblicher Bestechung fordern. Als Geschäftsführer der „Agentur zur Modernisierung der Ukraine" soll Spindelegger das von Bürgerkrieg und Wirtschaftskatastrophen gebeutelte Land vor dem völligen Zusammenbruch bewahren – und hat dafür nur 200 Tage Zeit. Dafür erhält „Direktor Spindi" auch eine ordentliche Gage. Im „Krone"-Interview zeigt sich der schillernde Wirtschafts-Tycoon von den Fähigkeiten des Ex-Vizekanzlers jedenfalls überzeugt: „Ich bin überzeugt, dass er diese Aufgabe gut erfüllen wird."

Ex-Vizekanzler und Ex-Finanzminister Spindelegger.

Thema des Tages

CLAUS PÁNDI

Echtes Geld statt Rachephantasie

Die – dem Volumen nach – größte Steuerreform seit Jahrzehnten ist fertig.

Viele hatten nicht mehr an diesen Erfolg der Regierung geglaubt. Manche wünschten sich sogar, dass die Koalition an dieser Aufgabe scheitert.

Lange deutete auch einiges auf einen Fehlschlag hin. Bis zum Rücktritt von Michael Spindelegger als ÖVP-Chef und Finanzminister im Herbst vergangenen Jahres bewegte sich nichts. Es musste erst Vizekanzler Reinhold Mitterlehner das Parteiruder übernehmen, um die lähmende Blockadepolitik zu beenden. Plötzlich waren mit SPÖ und ÖGB vernünftige Verhandlungen möglich geworden. Und dass die ÖVP mit Hans Jörg Schelling erstmals seit ewigen Zeiten einen Finanzminister mit Sach- und Hausverstand ans Ruder geholt hatte, beschleunigte die koalitionäre Einigung auf eine überraschend schlau ausbalancierte Steuerreform.

Für Bundeskanzler Werner Faymann, der zuletzt einigem Genörgel ausgesetzt war, ist die Steuerreform ein Markstein seiner bereits sieben Jahre dauernden Zeit als Regierungschef. Etwaige Kritik von ganz links wegen seines Verzichts auf ein Millionärsmassaker kann Faymann locker verkraften. Mit den rund zwei Milliarden Euro, die den Steuer- und Sozialbetrügern auf moderne und ziemlich drastische Weise abgeknöpft werden, wurde eine klügere Lösung gefunden als eine Retro-„Reichensteuer“. Zumal durch solche Rachephantasien ohnehin kaum Geld in die Staatskasse gekommen wäre.

claus.pandi@kronenzeitung.at

Das bringt

Wer profitiert, wer verliert
Bittere Pille für Wirtschaft
Was dann im Börsel bleibt

Am Freitag dem 13. um 0.30 Uhr ist es soweit: Die Bundesregierung gibt die Einigung auf die Steuerreform bekannt! Das 5-Milliarden-Paket soll ab 1. Jänner 2016 besonders die Arbeitnehmer entlasten. Allerdings wird der Erwerb bzw. das Erben von Immobilien teurer und die Wirtschaft muss bittere Pillen schlucken.

Besonders die Niedrigverdiener sollen am meisten profitieren. Aber auch Pensionisten, die eine Negativsteuer bekommen. Die von der SPÖ heftig propagierte Reichensteuer fällt freilich „light“ aus. Abgaben gibt es erst ab einer Million Euro Jahreseinkommen samt einer Anhebung der Kapitalertragsteuer auf Dividenden von 25 auf 27,5 Prozent.

Teurer wird das Erben bzw. der Erwerb von Immobilien. Statt dem günstigeren Einheitswert gilt der Verkehrswert von Grund, Haus oder Wohnung. Auch die Mehrwertsteuer für Saatgut, Kino- und Theaterkarten sowie in der Hotellerie wird von zehn auf 13 Prozent erhöht. Die Wirtschaft hat aber noch eine weitere bittere Pille zu schlucken. Denn der Kernpunkt der Reform und jener, der das meiste Geld zur Gegenfinanzierung (bis zu einer Milliarde) in die Staatskassa spülen soll, ist der Kampf gegen Steuerbetrug. Ab einem Nettoumsatz von 15.000 Euro gilt die Registrierkassenpflicht.

Die Regierung ist trotz der Proteste seitens der Opposition zufrieden.

Topmodel per SMS mit Mord bedroht

Vor einem Jahr wurde die schöne Victoria Belicka (auf dem Bild im Pool beim Fotoshooting) zur Wiener Topmodelsiegerin gekürt, sie belegte im Österreich-Finale Platz 3. Wie „Krone“-Redakteur Matthias Lassnig berichtet, ziehen jetzt aber dunkle Wolken am Himmel des Nachwuchsmodels auf: Immer wenn ihr Handy läutet, zuckt Victoria zusammen, denn ein irrer Unbekannter bedroht die 18-jährige gebürtige Slowakin mit Anrufen und Hass-SMS. Mittlerweile hat die auf der Erfolgswelle schwimmende Laufstegschönheit Personenschutz beantragt. Die Polizei ermittelt.

1 Stunde Todesangst

Frau in ihrem Auto entführt

Eine Stunde Todesangst: Eine 57-jährige Autofahrerin wird am helllichten Tag von einem vorbestraften Jugendlichen in Klagenfurt entführt und in den Kofferraum gesperrt. „Dem Opfer gelingt die Flucht, der 18-jährige Verdächtige wird kurz darauf gefasst“, beschreibt „Krone“-Redakteurin Katrin Fister.

Kronen Zeitung UNABHÄNGIG

uns die Steuerreform!

Finanzminister Schelling ist der Vater des Milliardenpakets. Er will das Reformtempo hochhalten.

Händeschütteln nach der Einigung: Kanzler Faymann und Vizekanzler Mitterlehner

Des Verrats bekennt sich Ex-CIA-Chef General Petraeus vor dem Bezirksgericht in Charlotte, US-Bundesstaat North Carolina, für schuldig. Der 62-jährige hochdekorierte Militär gibt zu, seiner Biografin und Ex-Geliebten Paula Broadwell geheime Dokumente überlassen zu haben. Er war 2012 wegen Gerüchten diesbezüglich zurückgetreten. Das Urteil: zwei Jahre auf Bewährung und 100.000 Dollar Geldstrafe.

Grausige Bluttat in Justizanstalt „gebeichtet"

Geständnis hinter Gittern

Gruselige Beichte in der Justizanstalt Josefstadt in Wien: Ein wegen Einbrüchen bereits in Haft sitzender obdachloser Tscheche gesteht seiner Psychologin einen fast drei Monate zurückliegenden Mord. Tatsächlich finden Ermittler in einem ehemaligen Weinkeller eine verweste Leiche. Der mutmaßliche 28-jährige Täter spricht von Notwehr nach einem Streit mit seinem älteren Trinkkumpanen (34) aus der Slowakei.

Größter Datenklau der Welt in USA aufgedeckt

1 Milliarde Mails gestohlen

Den größten Daten-Diebstahl in der Geschichte des Internets haben US-Ermittler aufgedeckt. Bei einer großflächig ausgeführten Cyber-Attacke auf acht verschiedene Provider haben zwei Männer in den Niederlanden eine Milliarde E-Mail-Adressen gestohlen. Die Hacker missbrauchen anschließend Vertriebsplattformen der Firmen, um Unmengen an Junk-Mails zu verschicken und verdienen so Hunderttausende Dollar.

Unter den Touristen bricht Panik aus, als die Attentäter im Bardo-Museum das Feuer eröffnen und sich Gefechte mit der Polizei liefern.

Blutige Geiselnahme in tunesischem Nationalmuseum ● 20 Urlauber erschossen

Terror-Massaker an Touristen!

Terror-Massaker im Nationalmuseum in Tunesiens Hauptstadt Tunis: Fünf schwer bewaffnete Dschihadisten stürmen das Gebäude, schießen mit Kalaschnikows wild um sich und nehmen Dutzende Geiseln. Zwanzig Urlauber werden von den Islamisten erschossen.

Es ist ein Anschlag auf die Demokratie, ein Attentat auf den noch einzig funktionierenden Vorposten westlicher Werte im arabischen Raum. Der Terroranschlag auf das weltberühmte Bardo-Museum zeigt den mörderischen Hass der Islamisten auf Tunesien – das Mutterland des überall anderswo gescheiterten Arabischen Frühlings.

„Diese barbarische Minderheit wird uns nicht ängstigen, und der Kampf gegen sie wird andauern, bis sie vernichtet ist“, verkündet Tunesiens Staatspräsident Beji Caid Essebsi.

Ermittlungen zeigen, dass es sich bei den beiden getöteten Attentätern um Tunesier handelt, die den demokratischen Wandel in ihrem Land rückgängig machen und es in die Steinzeit des Kalifats bomben wollten.

Die „Sofi“ ist ein großer Hit!

Das kosmische Schauspiel – der Mond schiebt sich zwischen Erde und Sonne – hält Österreich in Bann. Zehntausende lassen sich die Sonnenfinsternis, kurz „Sofi“ genannt, nicht entgehen. Bis zum nächsten großen Himmelsereignis, das mit freiem Auge zu beobachten ist, heißt es jetzt aber warten. Denn eine partielle Sonnenfinsternis wird es erst wieder 2021 zu bewundern geben.

Krone-Chronik März 2015

- Noch nie haben so viele den Energielieferanten gewechselt: 159.000 Haushalte sind auf einen neuen Strom- und 58.000 auf einen neuen Gasanbieter umgestiegen.
- Die Weltgesundheitsorganisation WHO schlägt Alarm: Die Zahl der Demenzkranken wird in den nächsten 15 Jahren um etwa 28 Millionen und bis 2050 auf 135 Millionen Menschen anwachsen.
- Eine Muslimin aus Wien erhält von einer Konditorei 2500 Euro Schadenersatz, da sie aufgrund ihres Kopftuches bei ihrer Bewerbung nicht berücksichtigt wurde.

Proteste gegen prunkvollen Bank-Neubau

Krawalle in Frankfurt: Der Finanzplatz brennt

„Das Gebäude ist ein Symbol für das Beste, was Europa gemeinsam erreichen kann", sagt EZB-Präsident Mario Draghi bei der feierlichen Eröffnung des neuen Sitzes der Europäischen Zentralbank in Frankfurt. Doch vor dem 1,3 Milliarden teuren und prunkvollen Hochhaus brennen die Barrikaden.

Dicke schwarze Schwaden über der Skyline von Frankfurt, während in der funkelnagelneuen Zentralbank die Eröffnung pompös mit Champagner über die Bühne geht. Draußen brennen ganze Straßenzüge, die Demonstranten in Brand gesteckt haben. Sirenengeheul und Hubschrauber, die um den 185 Meter hohen Geldturm kreisen.

Die Polizeibilanz: Mehr als 350 Festnahmen und 100 Verletzte. Die Demonstranten machen die Zentralbank mit ihrer Geldpolitik für die wachsende Armut in der Eurozone verantwortlich. Wütend macht sie auch, dass sich die Euro-Hüter in Zeiten harter Sparmaßnahmen einen derartigen Protzturm genehmigen.

◄ Brennende Polizeiautos und aggressive Provokation: Der Ärger geht durch die Schwere der Ausschreitungen unter.

Feuer am Finanzplatz: schwarze Rauchwolken über Frankfurts Skyline

Striptease als Kunst! *Die Wienerin Michaela Wolf, alias „Wendy Night", will den Sprung auf die Bühne schaffen. Wie „Krone"-Szene-Insiderin Anna Richter-Trummer bekräftigt, ist das im Vindobona aufgeführte Stück „Kann denn Striptease Sünde sein" ideal dafür.*

40% lesen am Sonntag „Krone"

Die neueste Mediaanalyse für 2014 belegt es wieder eindrucksvoll und klar: Fast jeder dritte Zeitungsleser greift täglich zur „Kronen Zeitung" und am Sonntag ist sogar bei knapp vier von zehn Österreichern die „Krone" die persönliche Lieblingslektüre. Damit ist und bleibt sie mit gewaltigem Abstand vor allen anderen Blättern die Nummer 1.

Copilot fliegt absichtlich

Kapitän versucht noch bis zuletzt, versperrte Cockpit-Tür zu öffnen . . .

Psychisch Kranker ist von Horrorplan nicht mehr abzubringen.

Schwarzer Tag für Europas Luftfahrt! Ein 27-jähriger deutscher Copilot sperrt den Kapitän aus dem Cockpit einer Germanwings-Maschine aus. Dann leitet er einen Sinkflug ein, um schließlich mit voller Absicht gegen ein Felsmassiv in den französischen Alpen zu rasen. Der Airbus zerschellt, alle 149 Passagiere, darunter eine deutsche Schulklasse sowie der Selbstmordpilot, sterben.

Obwohl Copilot Andreas Lubitz krank geschrieben ist, besteigt er am 24. März den Airbus. Ein Linienflug von Barcelona nach Düsseldorf steht auf dem Plan. Niemand weiß, dass der 27-Jährige an den Steuergeräten depressiv ist – und schon im Vorhinein einen Wahnsinnsselbstmord, bei dem er 149 Menschen mit in den Tod reißen wird, geplant hat. Als Pilot Patrick S. das Cockpit verlässt, um auf die Toilette zu gehen, setzt Lubitz seinen Horrorplan in die Tat um!

Er verriegelt die Tür und leitet den Sinkflug ein. Als der Pilot zurückkommt, versucht er mit allen Mitteln ins Cockpit zu gelangen. Vergeblich!

„Es ist eine Ironie des Grauens", so das „Krone"-Reporterduo Eva Lehner und Brigitte Egger. Denn Flugexperte Hellfried Aubauer liefert die Erklärung: „Nach den Terror-Anschlägen vom 11. September 2011 sind Sicherheitstüren in Flugzeugen so konzipiert, dass nur die Person im Cockpit den Zutritt ermöglichen kann."

Doch der Copilot öffnet nicht, sondern lenkt den Jet unbeirrbar Richtung Felsen – ein Feuerball! Lubitz hat sein Ziel erreicht: den sicheren Tod . . .

◄ Seelsorger kümmern sich um die völlig geschockten Hinterbliebenen der Absturzopfer.

Kronen Zeitung
UNABHÄNGIG

gegen Berg: 150 Tote!

Ironie des Grauens: Die Cockpit-Tür lässt sich nur von innen öffnen. Copilot Lubitz (gr. Bild) verweigert allen den Zutritt! ▶

Die Todes-
aschine:
er Airbus
20 zer-
chellt 100
ilometer
üdöstlich
on Nizza in
en Bergen.
eide Flug-
chreiber
erden ge-
nden. ▶

◀ Am Unglücksort: Bergretter machen sich bereit, um die Absturzstelle zu durchkämmen.

assungslos:
eutsch-
nds Kanz-
rin Angela
erkel,
rankreichs
räsident
rançois Hol-
nde und
paniens
remier Ma-
ano Rajoy ▶

Trauerprozession auf der Autobahn: die Kolonne mit den Särgen der 72 toten Deutschen.

Der Schwerttäter tritt wie dieser echte Shaolin-Mönch auf: Festnahme auf dem Meidlinger Friedhof

An einer Psychose

Als Mönch Wiener (39

Als „Shaolin-Mönch" verkleidet und mit einem 50 Zentimeter langen Schwert bewaffnet, hält ein schlagkräftiger Wiener – er leidet an einer Psychose – die Polizei in Atem. Bilanz: sechs verletzte Uniformierte und eine geschockte Mieterin.

„Die wilde Jagd auf den Shaolin-Kämpfer begann schon in den frü-

Vermögen der Reichen auf Rekord: 138 Millliarden Euro!

Österreichs Reiche haben ihr Vermögen deutlich vermehren können. Insgesamt legte der Besitz um 6% auf 138 Milliarden Euro zu. Einen wesentlichen Beitrag dazu haben steigende Immobilienpreise sowie die gute Entwicklung der Aktienmärkte geleistet.

__Gabalier erobert Berlin__ und streift beim deutschen Musikpreis gleich zwei Echos ein – einen in der Kategorie „volkstümliche Musik", den zweiten für das Projekt „Sing meinen Song – das Tauschkonzert". Der geschäftstüchtige Steirerbua posiert danach durchtrainiert sowie in Lederhose und mit Umhang (Foto) für sein neues Werk „Mountain Man".

__„Borat" spielt Freddy Mercury__ (gr. Bd.). Große Bedenken hatten die Bandmitglieder von Queen, dass Sacha Baron Cohen, 43, ihren einstigen Frontmann Freddy Mercury spielen soll. Schließlich machte er sich mit umstrittenen Rollen wie „Borat" einen Namen. Doch wie Queen-Manager Jim Beach bestätigt, wird Cohen auch das Drehbuch zur großen Filmbiographie schreiben.

Lange gestillte Babys sind weit intelligenter

Stillen macht glücklich und vermutlich auch klug. Denn wer als Baby ein Jahr lang gestillt wurde, hat als Erwachsener einen höheren Intelligenzquotienten, bessere Schulbildung und mehr Einkommen. Das zeigt eine Untersuchung an 3500 Brasilianern von der Geburt bis zum 30. Lebensjahr.

leidender Täter verletzt sechs Polizisten

verkleidet attackiert Polizisten mit Schwert

hen Morgenstunden in der Wiener Kudlichgasse", so Redakteur Oliver Papacek.

Eine Mieterin schlägt Alarm, nachdem ein Mann mit einem Samurai-Schwert wild an die Tür geklopft hatte. Als die Uniformierten eintreffen, kommt ihnen der Glatzkopf mit erhobenem Schwert entgegen. Den Polizisten gelingt es zwar, den Wiener Samurai zu entwaffnen, doch daraufhin lässt der 39-Jährige die Fäuste sprechen und zeigt seine Karatekünste. Obwohl der Pfefferspray bei dem Tobenden keine Wirkung zeigt, kann er schließlich in die Rudolfstiftung gebracht werden.

Doch nur Stunden nach seiner Einlieferung reißt der Mann aus dem Spital aus und muss noch einmal dingfest gemacht werden. Neuerlicher Psychiatrie-Aufenthalt, aber nun im Kaiser-Franz-Josef-Spital.

Krone-Chronik März 2015

- Die Österreicher sind mit einer Kaufkraft von 20.369 Euro pro Kopf und Jahr die sechstreichsten Bewohner Europas. Mit einem Zuwachs von 399 Euro im Vorjahr konnten wir Dänemark überholen.
- In Longmont (US-Staat Colorado) schlitzt eine Frau (39) einer Schwangeren den Bauch auf und raubt ihr das Ungeborene. Im Spital gibt sie an, eine Fehlgeburt erlitten zu haben – das Baby stirbt, die Frau wird verhaftet
- Laut UNESO haben 748 Millionen Menschen keinen Zugang zu sauberem Wasser: Jeden Tag sterben 1000 Kinder an Durchfallerkrankungen.

__Als Hundefreunde__ erweisen sich die Kubaner. Denn in der Hauptstadt Havanna erlangen zwei Dutzend Straßenhunde einen ganz besonderen Status: Sie stehen unter dem Schutz von Mitarbeitern staatlicher Einrichtungen und dürfen künftig mit eigenem Ausweis und somit auch geschützt vor Hundefängern durch die Straßen laufen.

Brad Pitt als große Stütze für Angelina

„Ich war von Anfang an bei dieser Entscheidung dabei. Ich finde Angies Entschluss heldenhaft", so tapfer unterstützt Hollywood-Star Brad Pitt (51) die Entscheidung seiner Frau Angelina. Denn nachdem sich Angelina Jolie (39) vor zwei Jahren bereits die Brüste amputieren hatte lassen, ließ sie sich nun auch die Eierstöcke und Eileiter entfernen. Der Grund: eine Genmutation, die mit relativ hoher Wahrscheinlichkeit Krebs auslöst.

Menschenhändlerbande von Polizei gesprengt:

10.000 Kosovaren geschleppt

Großer Erfolg für die heimischen Ermittler! Bei der Operation „Limax" klicken europaweit gleich 77-mal die Handschellen für Menschenhändler aus dem Kosovo, die Landsleute in die EU schleusten. Auch in Österreich gehen 16 Zielpersonen der Bande ins Netz der Fahnder. Sie hatten Kinder zusammengepfercht im Kofferraum geschmuggelt und „Kundschaften" in ein Verlies gesperrt, sofern diese nicht ordentlich bezahlten.

Die Seeadler fliegen auf Österreich

Land der Berge, Land der Seeadler – noch nie zuvor haben so viele Seeadler in Österreich überwintert wie heuer: Insgesamt zählten Forscher und freiwillige Helfer 188 Greifvögel. Der Hotspot der heimischen Überwinterungsgebiete waren die March-Thaya-Auen in Niederösterreich mit 48 Tieren. Aber auch in Oberösterreich und in der Steiermark ziehen sie ihre Kreise. „Weil die Lebensräume des Seeadlers hier intakt sind, fühlt er sich wohl bei uns", begründet Christian Pichler vom WWF-Seeadler-Schutzprogramm den erfreulichen Zuwachs.

US-Milliardär gesteht versehentlich Mord!

Seit 33 Jahren versuchen die US-Behörden schon, Robert Durst wegen Mordes zu verurteilen – bisher erfolglos. Doch bei einem TV-Interview verplappert er sich, da er glaubt, das Mikro sei schon abgeschaltet, und er gesteht: „Ich hab' sie alle getötet. Frau und Freundin." Nun droht ihm die Todesstrafe.

Wrestling-Drama: Genickbruch im Ring

Schlimme Szenen spielen sich in Tijuana (Mexiko) während eines Kampfes der Wrestling-Liga AAA ab: El Hijo del Perro Aguayo, Sohn der Wrestling-Ikone Perro Aguayo, bricht sich im Ring das Genick. Viele glauben, es gehöre zur Show, dass er regungslos in den Seilen hängt, und applaudieren.

Was sich Herr und Frau Österreicher wünschen:

Gesund bleiben – und im Alter nur nicht verarmen

Wichtiger Hinweis für die Politik, was den Österreichern heute und in Zukunft die meisten Sorgen bereitet: Laut Umfrage wünschen sich 63% eine gesicherte Altersversorgung und die Sicherheit des Gesundheitssystems.

Im Alter zu verarmen, ist eine Schreckensvision. Hohen Stellenwert haben auch die Sicherheit des Gesundheitssystems und die Sicherung der Arbeitsplätze. Bereits knapp dahinter steht laut IMAS-Umfrage die Sorge um einen sparsamen Umgang mit Steuermitteln. Eine weitere Forderung betrifft die effizientere Bekämpfung der Kriminalität, gefolgt von dem Wunsch nach Verteidigung der Interessen Österreichs in der EU.

Wunsch der Bürger: gesund bleiben und im Alter nicht verarmen

Pfiat Gott Karl! Abschied vom Publikumsliebling

Mit seiner Show, dem von ihm erfundenen und beseelten Musikantenstadl, erreichte er das Herz von Millionen Volksmusikfans im gesamten deutschsprachigen Raum. Am 26. März hört das müde Herz des großen Publikumslieblings Karl Moik zu schlagen auf. Der 76-Jährige stirbt im Beisein seiner Frau Edith. Es war eine unfassbare Erfolgsgeschichte, der Karl und sein Stadl: Bis nach Dubai, China und Moskau „exportierte" er die Show. „Servas pfiat Gott und auf Wiedersehen . . ."

Ihr seid die Besten! 5 Kugeln für Anna & Marcel

Der 22. März wird zum Jubeltag für Anna Fenninger und Marcel Hirscher. Mit Siegen im Riesentorlauf beziehungsweise im Slalom holen sie neben den großen Kristallkugeln auch die kleinen. Das heißt zu zweit insgesamt fünf Trophäen. Beim Empfang am Wiener Rathausplatz werden die beiden Mega-Sportstars auf der „Krone"-Bühne dann von Tausenden Fans bejubelt und gefeiert – Gratulation!

Milliardenprofit durch Organhandel ● Unzählige Tote ● Kampf gegen Banden

10.000 illegale Transplantationen

„Gesundheit kann man nicht kaufen", heißt es. Stimmt auch, zumindest nicht legal – Stichwort illegaler Organhandel. Laut Weltgesundheitsorganisation WHO werden jährlich mehr als 10.000 Transplantationen in illegalen OPs durchgeführt. Die Banden machen damit ein Milliardengeschäft. Nun sagen 14 Länder der Organ-Mafia den Kampf an.

„Die einen haben genug Geld, brauchen aber dringend ein Organ, um zu überleben – die anderen haben kein Geld und glauben, auf lebenswichtige Körperteile verzichten zu können. Und so machen skrupellose Organhändler jährlich einen Mindestgewinn von 1,5 Milliarden Euro", bringt Redakteur Klaus Loibnegger das Problem auf den Punkt.

Während weltweit pro Jahr durchschnittlich 70.000 Patienten dringend auf eine Transplantation warten, werden im selben Zeitraum 10.000 illegale Operationen durchgeführt. Bis zu 3000 Euro sollen Spender zum Beispiel für eine Niere erhalten. Womit es ein Leichtes ist, Spender in der Dritten Welt zu ködern. Dass die meisten Spender Monate nach dem Eingriff gesundheitliche Probleme haben und manche sogar sterben, ist sowohl den Organ-Käufern als auch den Händlern egal.

Deshalb haben sich in Spanien 14 Länder, darunter auch Österreich, im Zuge des Europarates gegen den Organhandel vertraglich verbündet: „Diesen skrupellosen Machenschaften dürfen wir nicht tatenlos zusehen", zeigt sich Außenamtssprecher Martin Weiss kämpferisch.

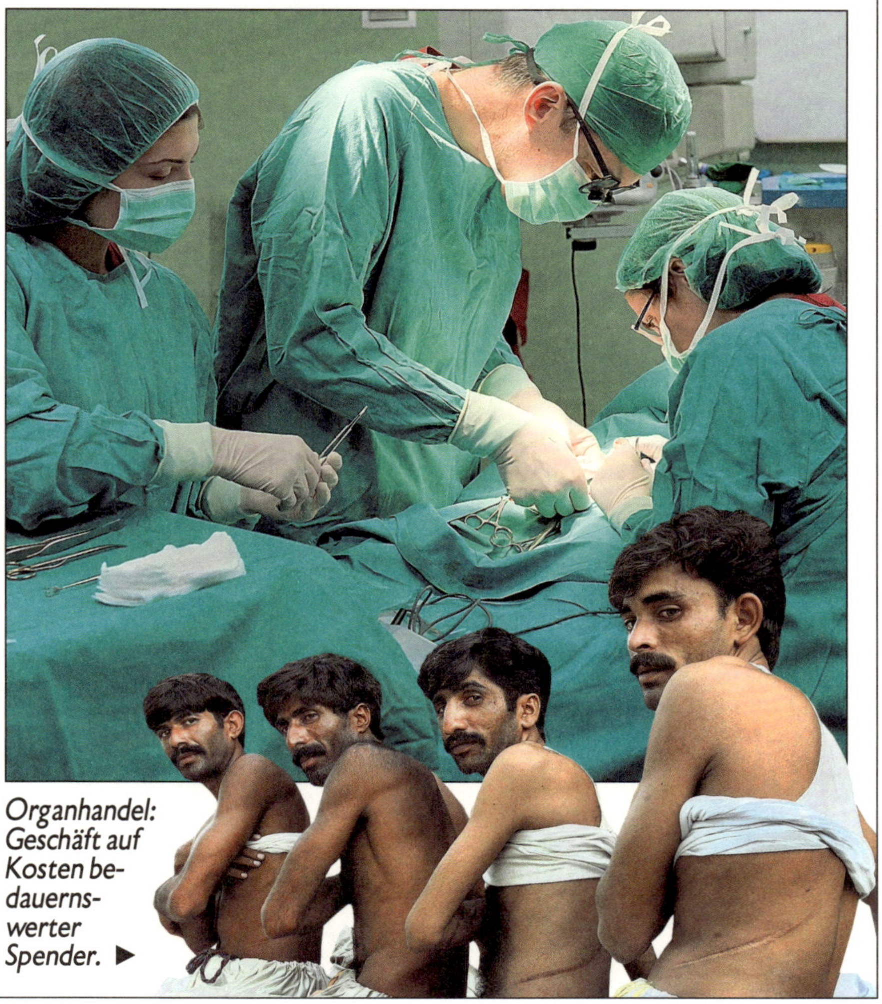

Organhandel: Geschäft auf Kosten bedauernswerter Spender. ▶

Heimische Ordensschwester in Südafrika überfallen

Drama hinter Klostermauern: Nonne getötet und beraubt

Raubmord an einer aus Österreich stammenden Nonne in Südafrika: Die gebürtige niederösterreichische Missionsschwester Stefani (87) wird in ihrem Klosterzimmer von zwei jungen Männern getötet und beraubt.

Das Mariannhill-Kloster, wo Schwester Stefani (oben) ermordet wurde.

Die beiden Verdächtigen im Alter von 25 und 26 Jahren waren auf der Suche nach Zucker und Reis über eine offene Türe der zum Herz-Jesu-Orden gehörenden Missionsstation geschlichen und in das Schlafgemach von Schwester Stefani eingedrungen. „Als die 87-Jährige die Männer überrascht, werden die Einbrecher zu Mördern", so „Krone"-Redakteur Gregor Brandl.

Stefani (geborene Gertrude) Tiefenbacher wird mit dem Kabel ihrer Schreibmaschine gefesselt, sexuell missbraucht und grausam erstickt. Dann flüchten die Täter mit der Rente der Klosterfrau. Beide werden zu lebenslanger Haft verurteilt.

Lebenslang, 19 Jahre Haft ● Nicht rechtskräftig

Grazer Bankermord: Leiche einbetoniert und versenkt

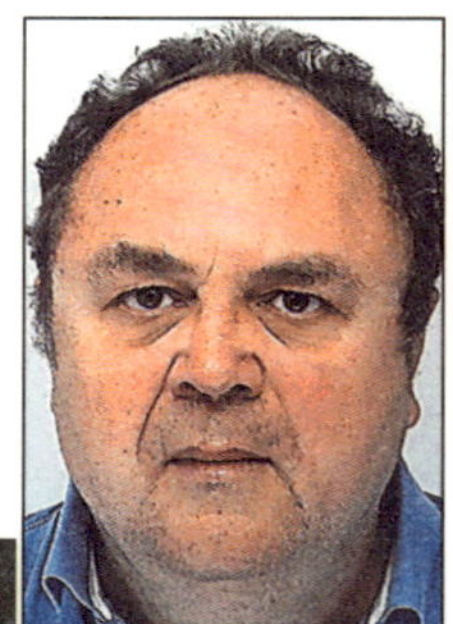

Das Gericht sieht es als erwiesen an: zwei Grazer Banker haben ihren millionenschweren Kunden bestohlen, erdrosselt, die Leiche zerstückelt und dann in der Mur versenkt.

Das spektakuläre Verbrechen im Februar 2014 sorgt ebenso wie der Prozess jetzt für Schlagzeilen. Nachdem der vermögende Kunde Heinz Peter Egger den Diebstahl von 223.000 Euro bemerkt, locken ihn die beiden Bankangestellten Ferhat Kart (24) und Halil Isik in die Falle. „Die Leichenteile des zerstückelten 56-jährigen Millionärs werden in Kübeln einbetoniert und in der Mur versenkt", so die „Krone"-Gerichtsredakteure Martin Gasser und Eva Stockner. Das (nicht rechtskräftige) Urteil des Geschworenensenats: Isik muss lebenslang in Haft, Kart für 19 Jahre.

Die Banker Kart (li.) und Isik versenken den zerstückelten Leichnam ihres Kunden (o.) in der Mur.

Krone-Chronik April 2015

- Drama um eine Österreich-Expedition auf dem 5047 Meter hohen Kasbek im Kaukasus. Die Linzer Bergsteigerlegende Edi Koblmüller und eine Frau erfrieren, als die Gruppe ein Blizzard am Berg überrascht.
- Der Kärntner Seen-Deal zwischen BAWAG, ÖGB und Landesregierung fordert ein Polit-Opfer. Landesrätin Elisabeth Kaufmann-Bruckberger (auch Haiders „Geldbotin" genannt) kommt ihrer Abberufung zuvor und tritt zurück.

__Eklat bei__ der pompösen „Romy"-Filmpreisgala in der Wiener Hofburg. Der bekannte deutsche Komiker Didi Hallervorden bedankte sich für seine Ehrung so: „Und morgen führe ich die ‚Romy' heim ins Reich." Das Nazi-Schlagwort sei „eine bewusste Provokation" gegen Österreich, legt der Stargast im Interview noch nach.

Justiz „kassiert" Villa von italienischem Paten

Mord, Erpressung, Drogen- und Waffenhandel, Geldwäsche – der kalabrische Familien-Clan Pesce'ndrina zählt zu den mächtigsten Mafia-Bündnissen Italiens. Einer der Paten führt die Europa-Geschäfte von seiner Villa in Baden (Niederösterreich) aus. Das feudale Anwesen mit insgesamt 500 Quadratmetern Wohnfläche wird nach seiner Verhaftung in Spanien nun von der heimischen Justiz beschlagnahmt.

__Eine Weltkarte__ lässt US-Model Kelly Chin auf ihren zarten Körper malen, um im Namen der Tierschutzorganisation PETA in China für vegane Ernährung zu werben. Wer keine Tierprodukte esse und verwende, trage, so ihre erotische Botschaft, auch zum Klimaschutz bei.

Patriarch entzieht Konzernchef das Vertrauen – tritt letztlich aber selbst zurück:

Piëch verliert VW-Machtkampf

Noch vereint: VW-Boss Winterkorn (li.) und Aufsichtsratschef Piëch.

„Ich bin auf Distanz zu Winterkorn" – mit diesem Satz gegen seinen Konzernchef sorgt VW-Aufsichtsratsboss Ferdinand Piëch für einen Knalleffekt. Am Ende verliert der 78-Jährige aber den Machtkampf und tritt zurück.

Die Automobilwelt ist in heller Aufruhr. Beim deutschen Vorzeigekonzern und einem der größten Autobauer weltweit tobt ein Machtkampf, eingeleitet vom VW-Patriarchen Ferdinand Piëch höchstpersönlich. In einem Interview mit dem deutschen Magazin „Spiegel" entzieht der 78-jährige österreichische Top-Manager seinem designierten Nachfolger Martin Winterkorn das Vertrauen. Hintergrund dürfte die von ihm kritisierte strategische Ausrichtung des Konzerns sein.

Doch die Unternehmensspitze spricht Vorstandschef Winterkorn ihr Vertrauen aus. Letztlich verliert der legendäre Großaktionär und Milliardär den Machtkampf und tritt als Aufsichtsratschef zurück. Mit ihm geht auch Ehefrau Ursula.

Horror-Erdbeben in Nepal

● Katastrophe erschüttert Dach der Welt
● Lawine fegt über Mount-Everest-Camp
● Österreicher überleben Naturgewalten

Am 25. April kurz vor Mittag Ortszeit erschüttert ein Horror-Erdbeben das Dach der Welt. Bei der schlimmsten Katastrophe bisher in der Geschichte des kleinen Himalaya-Staates Nepal sterben knapp 8.800 Menschen, Zehntausende weitere sind obdachlos. Österreichische Alpinisten und Trekking-Urlauber überleben die Naturgewalten.

Ein Video der vom Beben ausgelösten Mega-Lawine, wie sie über das Basiscamp am Mount Everest hereinbricht. Viele Bergsteiger sterben dabei.

Heimische Wasserspezialisten vor dem Abflug nach Nepal: die Rot-Kreuz-Mitarbeiter Andrea Reisinger und Kollege Georg Ecker.

Mit einer Magnitude von 7,8 brechen die Erdstöße über Nepal herein. „Das Epizentrum des gewaltigen Bebens liegt rund 80 Kilometer nordwestlich der Hauptstadt Kathmandu in 18 Kilometern Tiefe“, erklärt „Krone“-Auslandsredakteur Ed Ricker. Der kleine Himalaya-Staat befindet sich in einer geologischen Hochrisikozone, der Grenze zweier tektonischer Platten.

Die Auswirkungen sind jedenfalls verheerend. Viele Gebäude und Tempel, die als Weltkulturerbe gelten, stürzen ein. Zudem fegt eine Mega-Lawine über das Basis-Camp auf dem Mount Everest. Während Kameraden sterben, überlebt der blinde Osttiroler Extrembergsteiger Andy Holzer. Wie er entkommen auch weitere Österreicher dem Drama. Heimische Rotkreuz-Mitarbeiter fliegen kurz darauf als Helfer der ersten Stunde in das Katastrophengebiet. Ihnen schließen sich weitere rot-weiß-rote Hilfsorganisationen an.

Doch die Arbeit vor Ort ist teils lebensgefährlich. Immer wieder erschüttern starke Nachbeben in den Tagen darauf das Land. Die Regierungsbilanz: fast 8.800 Tote und 22.000 Verletzte. Mehr als eine halbe Million Häuser sowie 10.000 Schulen sind zerstört, drei Millionen Menschen obdachlos. Der Wiederaufbau eines der ärmsten Länder der Welt wird Milliarden kosten. Nepal lebt praktisch nur vom Tourismus, der durch die Katastrophe ausbleibt.

fordert 8.800 Todesopfer

▲ *Nepal nach dem Horror-Beben: Überall Zerstörung, Verzweiflung und Elend. Das österreichische Paar Martin und Lisa (ganz links) überlebt das Drama und hilft den Verletzten.*

Verdächtiger hinterlässt DNA im Auto

Taxlerin mit Messer Ex-Häftling als Täter

Raubmord an einer Taxilenkerin in Oberösterreich! Die 56-jährige Ingrid V. wird mit Messerwunden tot in ihrem Mercedes auf dem Parkplatz eines Gartencenters gefunden. Als mutmaßlicher Täter wird ein Ex-Häftling aufgrund seiner DNA ausgeforscht und festgenommen.

▲ In ihrem weißen Mercedes wird Taxifahrerin Ingrid V. (56; kl. Bild) mit einem Messer ermordet und ausgeraubt. Der mutmaßliche Täter auf der Überwachungskamera und als Fahndungsbild der Staatsanwaltschaft. ▶

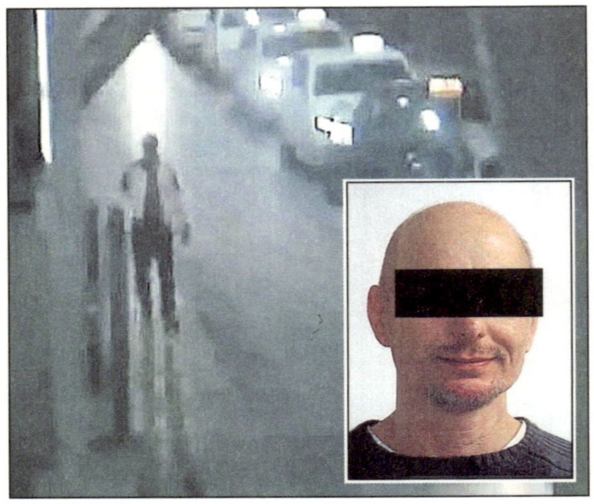

Um drei Uhr Früh entdeckten Polizisten in Gunskirchen die leblose, mit Stich- und Schnittwunden übersäte Frau auf dem Fahrersitz des Taxis. Letztlich wird der Berufschauffeurin und Mutter eines Sohnes mit dem Messer die Kehle aufgeschlitzt. Das Geld wurde geraubt, auf dem etwa 300 Meter entfernten Bahndamm liegt das weggeworfene Tatmesser.

„Wie Ermittlungen ergeben, ist der spätere Mörder als letzter Fahrgast am Lin-

USA nimmt Kuba von Terrorliste

Nach 33 Jahren der Ächtung ist es nun soweit: US-Präsident Barack Obama löst sein Versprechen an Kubas Staatschef Raúl Castro ein und lässt den Inselstaat von der Liste jener Staaten streichen, die den Terrorismus unterstützen. Ein weiterer Schritt der Annäherung.

__Ein PS-Spektakel im Herzen von Wien__ als Vorgeschmack auf den Formel-1-Grand-Prix in Spielberg. Der australische Red-Bull-Pilot Daniel Ricciardo flitzt über den Rathausplatz und begeistert damit 30.000 Zuschauer. Auch Niki Lauda und seine süßen Zwillinge Max und Mia genießen die Atmosphäre. Gerhard Berger und Helmut Marko fachsimpeln.

Krone-Chronik April 2015

- Nigerias Armee kann 293 Frauen aus der Gewalt der radikal-islamischen Kämpfer von Boko Haram befreien. Angehörige der vor einem Jahr entführten Schülerinnen bangen hingegen weiter.
- Internationaler Erfolg für Ermittler des Bundeskriminalamtes: Die Beamten stoßen im Internet auf ein Pädophilen-Forum mit Missbrauchsbildern eines Mädchens. Als Sex-Täter wird ein Schul-Hausmeister im fernen Ecuador ausgeforscht.
- Ausgerechnet die erste Frau an der Spitze der US-Drogenbekämpfungsbehörde muss wegen Sexpartys zurücktreten. Mindestens sieben ihrer Beamten ließen sich in Kolumbien dazu einladen. Michele Leonhart gibt ihren DEA-Chefposten ab.

▶ Raub nach Tat

ermordet: verhaftet

zer Hauptbahnhof zugestiegen", so die „Krone"-Redakteure Johann Haginger und Christoph Gantner. Von dort gibt es auch Videoaufnahmen einer Überwachungskamera. Zudem können genetische Spuren am Tatort der DNA eines vorbestraften Gewalttäters zugeordnet werden. Nach wenigen Tagen hat die Fahndung Erfolg: der gesuchte verdächtige Ex-Häftling Erwin K. (46) kommt in Untersuchungshaft und wartet dort auf seinen Prozess.

Mit Hansi auf der Insel der Götter! *Nicht weniger als 400 Fans aus insgesamt zwölf Nationen pilgerten mit Kitzbühel-Ikone Hansi Hinterseer (61) nach Kreta. Alpenländische Klänge auf dem griechischen Sonneneiland, dazu Hinterseer in Anlehnung an den Göttervater Zeus in landestypischer Tracht – das fanden nicht nur die Einheimischen „bärig".*

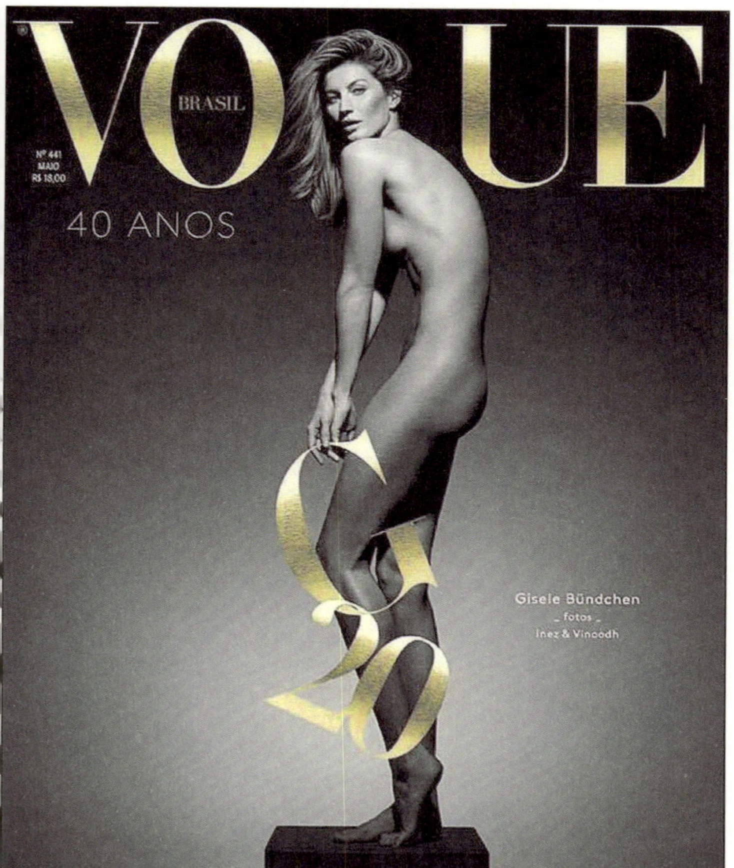

Nackt posiert *Gisele Bündchen anlässlich 40 Jahre „Vogue" auf dem Cover der brasilianischen Ausgabe des Modemagazins. Doppeltes Jubiläum: nach 20 Jahren auf dem Laufsteg geht die zweifache Mutter in „Pension". Wenige Wochen später schocken Fotos der in eine Burka gehüllten 34-Jährigen vor einer Pariser Klinik für Schönheitsoperationen ihre Fans.*

Nach elf Jahren Beziehung folgt nun die Trauung

Marlies und Benni grüßen als frischgebackenes Ehepaar

Seit elf Jahren sind sie schon das glitzernde Traumpaar des österreichischen Skisports, nun sind sie auch offiziell ein Ehepaar; Benjamin Raich und Marlies Schild heiraten standesamtlich. Die zurückgetretene einstige Slalomkönigin Marlies, die auch Bennis Nachnamen annimmt, strahlt in einem wunderschönen Dirndl. Benni glänzt in einem Trachtenanzug. In dem Haus der Frischgetrauten im Pitztal ist Platz für viele Kinderzimmer.

Benni und Marlies Raich: in den Hafen der Ehe eingefahren.

Robbie Williams rockt mit Teufelshörnern

Bei seiner „Let Me Entertain You"-Tour begeistert Robbie Williams mit einem echten „Best of Robbie". Er posiert zwar als böser Bub, frisch blondiert, und entert die Bühne mit Teufelshörnern, doch sein braves Familienglück tut ihm sichtlich gut. Wie auch Pop-Expertin Franziska Trost die von der „Krone" in der Linzer Arena präsentierte Show als „wahres Hitfeuerwerk vor 10.000 Fans" beschreibt.

***Schmerzensgeld** fordert Charlie Sheens Ex-Verlobte „Scottie" Rossi. Das Pornostarlet erwägt nach der Trennung von dem TV-Star eine Schmerzensgeldklage in Millionenhöhe einzureichen. Der pikante Grund: „Onkel Charlie" soll sie mehrmals misshandelt und gedroht haben, sie umzubringen. Ein Sprecher des smarten Schauspielers dementiert alle Anschuldigungen: „Rossi lügt wie gedruckt. Charlie hat sie bestimmt nie geschlagen, getreten oder bedroht . . ."*

Häupl heizt Lehrerdebatte mit „22-Stunden-Sager" an

Zwei Stunden mehr Unterricht bringen 360 Millionen Euro

Mitten in der Koalitionsdebatte um die Steuerreform sorgt Wiens Bürgermeister Häupl mit einem pointierten Spruch für einen Riesenwirbel unter der Lehrerschaft. „Wenn ich 22 Stunden in der Woche arbeite, bin ich Dienstagmittag fertig", so der SPÖ-Mächtige zur Debatte um die Verlängerung der Lehrerarbeitszeit.

Rechenaufgabe der Regierung um die Lehrerarbeitszeit pro Woche

Nach dem Sager des Wiener Stadtchefs sieht es jedenfalls so aus, als würde die Debatte um eine mögliche Verlängerung der Arbeitszeit für Lehrer noch länger geführt werden. Wenngleich die geplante Erhöhung der Unterrichtszeit für die 125.000 Bundes- und Landeslehrer mehr als 360 Millionen Euro fürs Budget bringen würde.

Auch SP-Bildungsministerin Heinisch-Hosek hält an der Idee einer Verlängerung der Unterrichtszeit der Lehrer fest. Erst im Herbst soll darüber verhandelt werden, zumal in den Schulen der Unmut spürbar steigt. Trotz des empörten Aufschreis von Lehrergewerkschaftern scheint die Idee jedenfalls noch lange nicht vom Tisch. „Es ist zumutbar, zwei Stunden länger bei den Kindern zu sein", so Ministerin Gabriele Heinisch-Hosek im Radiojournal.

Türkische Polizei beendet Terrorakt im zentralen Justizgebäude Istanbuls blutig

Geiselnehmer töten Staatsanwalt

Linksextremisten stürmen in Istanbul ein Justizgebäude und bringen einen Staatsanwalt in ihre Gewalt. Sie wollen Rache für den Tod eines Buben während der Anti-Erdoğan-Proteste im Jahr 2013. Die Polizei beendet die Geiselnahme blutig.

Hintergrund für die Geiselnahme ist der Tod von Berkin Elvan. Der 15-Jährige wollte während einer Anti-Erdoğan-Demonstration Brot kaufen und wurde von einer Tränengas-Granate tödlich am Kopf getroffen.

In seiner gewohnt „feinfühligen“ Art hatte Türken-Sultan Erdoğan das Kind als „Terrorist“ beschimpft. In der Nacht zum ersten April nehmen dann echte Terroristen Staatsanwalt Mehmet Kiraz als Geisel und verlangen einen fairen Prozess. Nach neun Stunden stürmt die Polizei die Kanzlei und tötet die Geiselnehmer. Der Staatsanwalt erliegt im Spital seinen Verletzungen.

◀ *Terroristen der Organisation DHKP-C verletzen den Staatsanwalt so schwer, dass er stirbt. Die Attentäter werden beim Befreiungsschlag von türkischen Polizei-Spezialeinheiten (o.) getötet.*

***Die vom Aussterben bedrohten Berggorillas** in Zentralafrika passen sich an das Überleben in kleinen Populationen genetisch an. Bestimmte nachteilige Gen-Varianten sind infolge von Inzucht aus ihrem Erbgut verschwunden, berichtet ein internationales Forscherteam. Sie hatten das komplette Genom von 13 Gorillas verschiedener Unterarten sequenziert und verglichen.*

Schwacher Euro heizt die Preise gewaltig an

Binnen eines Jahres ist der Euro von 1,38 auf 1.076 Dollar gefallen. Das ist zwar sehr gut für Österreichs Exporte außerhalb Europas. Doch viele Produkte des täglichen Lebens werden nach wie vor in Dollar gehandelt. Dadurch bewirkt der 20-prozentige Kursrutsch oft Verteuerungen für die Konsumenten in Österreich. Vor allem bei Kaffee, Schokolade, Textilien und Fernreisen macht sich der schwache Euro durch Teuerungen bemerkbar.

Segeltörn vor der Küste Honduras wird zum Horror-Trip:

Wiener in der Gewalt von Piraten

Andy Wasinger und Freundin Loretta Reinholdt werden von den Piraten in einer Bucht ausgesetzt.

Albtraum im Paradies: Nur knapp überleben der Wiener Andy Wasinger und seine Lebensgefährtin einen Angriff auf hoher See: Vor der Küste von Honduras entern Piraten ihr Segelboot – und setzen beide in einer Bucht aus.

Von Belize aus brechen der Ex-Software-Experte (46) und seine Freundin Loretta auf, um mit ihrer Yacht vertraut zu werden. Ihr letztes Spaßmail: „Falls wir uns in 14 Tagen nicht melden, sind wir gesunken oder von Piraten erschossen.“ „Zwei Tage später sollte aus dem Scherz beinahe bitterer Ernst werden“, so „Krone“-Redakteur Paul Tikal. Vor Honduras taucht ein Boot auf, das mit voller Kraft auf das Segelschiff zuhält. Drei Pistolenmänner entern die Yacht. Als Rache für die geringe Beute von wenigen hundert Dollar setzen die Piraten das Paar in einer Bucht aus. Nach vier Tagen rettet die Marine die beiden.

__„Ich zähle auf Österreich!“__, das sagt Papst Franziskus zu Sebastian Kurz, der ihm anlässlich der Generalaudienz auf dem Petersplatz in Rom als „jüngster Außenminister der Welt“ persönlich vorgestellt worden ist. Der Heilige Vater spricht damit Österreichs lange Tradition im Dialog zwischen den Religionen und insbesondere mit der moslemischen Welt an sowie die Tatsache, dass Kurz lautstark die Verfolgung von Christen aufzeigt.

__Der „König von Mallorca“__ feiert seinen 70er in Berlin. Der ewig junge Jürgen Drews verbringt seinen Geburtstag aber nicht in seiner spanischen Wahlheimat, sondern mit Fans und Journalisten in einem Einkaufszentrum der deutschen Bundeshauptstadt: Der Partymacher singt vor Kaufhausgästen beim Jubiläumskonzert! Und so wundert es auch nicht, dass er sich riesig über die Anwesenheit seiner Frau Ramona und Tochter Joelina freut.

Krone-Chronik April 2015

- In Frankreichs rechtem Front National kommt es zum offenen Bruch zwischen Parteigründer Jean-Marie Le Pen (86) und seiner Tochter Marine.
- Briten-Premier David Cameron macht sich während eines Wahlkampfauftritts in den Augen vieler seiner Landsleute zur Lachnummer: Um volksnah zu erscheinen, lässt er sich einen Hotdog vorsetzen – und verspeist diesen mit Messer und Gabel.
- Rund 203 Millionen Euro geben die Österreicher laut Handelsstudie für diverse Ostergeschenke – Süßigkeiten, Eier, Spielsachen – aus.

Blumen (links oben) an der Unfallstelle. An diesem Fahrscheinautomat (re.) wollte die Mutter ein Ticket lösen.

Buggy samt Baby stürzt auf die Gleise ▶ 18 Monate altes Mäderl auf der Stelle tot

Kinderwagen rollt vor Güterzug!

Furchtbarer Unfall auf dem Bahnhof Linz-Ebelsberg (OÖ): Während eine Mutter ein Zugticket löst, rollt der Kinderwagen mit ihrer 18 Monate alten Tochter los, stürzt auf die Westbahngleise vor einen mit Tempo 100 heranbrausenden Güterzug – das Mäderl ist auf der Stelle tot.

Nachdem die Mutter (33) per Fahrstuhl zu den höher gelegenen Bahnsteigen gelangt ist, stellt sie den Kinderwagen mit dem Baby ab und fährt zurück in die Eingangsebene, um beim dortigen Fahrscheinautomaten ein Ticket für die Fahrt in die Stadt zu lösen. Doch genau in dem Moment nähert sich in der oberen Etage ein Güterzug mit rund 100 Stundenkilometern. „Entweder ist der Kinderwagen plötzlich losgerollt oder durch die Druck-Sog-Wirkung zu den Schienen gezogen worden. Der Buggy stürzte auf die Gleise und wurde vom Zug überrollt“, so Oberst Manfred Rauch, Vize-Stadtpolizeikommandant von Linz. Fremdverschulden wird ausgeschlossen.

Laufsteg-Verbot für Magermodels! *Nachdem es in Frankreich gesetzlich verboten ist, Magermodels auf den Laufsteg zu schicken, will Frauenministerin Heinisch-Hosek dieses Gesetz auch bei uns einführen. In den USA ist man bereits weiter. Unter dem Slogan „Ich bin kein Engel“ werben mollige Damen für die Übergrößen-Modefirma Lane Bryant – als selbstbewusste und fröhliche Frauen mit Rundungen.*

Elf österreichische Bergexperten in Frankreich von einem riesigen Schneebrett

Lawinen-Drama um Tourengeher

Andreas Ermacora, Präsident des Alpenvereins zeigt auf einem Foto, wo das Unglück passiert ist.

Es ist eine der dunkelsten Stunden in der Geschichte des Alpenvereins, als am 1. April eine elfköpfige Gruppe heimischer Tourengeher in den französischen Alpen beim Col Émile Pic-Pass verschüttet wird. Drei junge Alpinisten verlieren am Unglücksort in den Bergen ihr Leben.

Neun junge Bergsteiger sind mit zwei österreichischen Bergführern im Rahmen des Projektes „Junge Alpinisten" unterwegs. Nach dem Abseilen ziehen die sportlichen Österreicher ihre Steigeisen aus. „Der windgepresste, pickelharte Schnee bricht unter ihren Füßen. Alle Tourengeher werden mitge-

Venedigs Carneval begeistert Mörbisch

Auf der Seebühne im burgenländischen Mörbisch geht es heuer besonders rund. Denn Intendantin Dagmar Schellenberg bittet am Neusiedler See zum großen Maskenball. Schließlich macht Johann Strauß' „Eine Nacht in Venedig" die burgenländische Operettenmetropole zur romantischen Lagunenstadt. Operngrößen wie Herbert Lippert und Michael Heim brillieren im sommerlichen Spektakel.

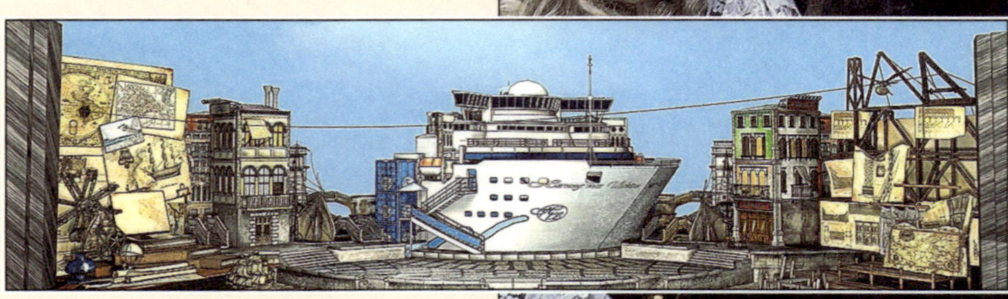

Joesi Prokopetz, Ernst-Dieter Suttheimer und Heinz Zednik (v.l.n.r.) begeistern.

◄ Ein Helikopter bringt die drei Todesopfer (zwischen 20 und 25 Jahren) ins Tal. Martin P. war stets zu Späßen aufgelegt. ►

mitgerissen ► Alpenverein unter Schock

3 Alpinisten tot!

rissen. Das 250 Meter lange und 80 Meter breite Schneebrett verschüttet sechs der Männer zur Gänze, fünf teilweise. Dank bester Ausrüstung und Erfahrung werden die Verschütteten rasch geortet und freigeschaufelt. Für drei kommt aber jede Hilfe zu spät", berichtet „Krone"-Redakteur Günther Krauthackl.

„Die Wettersituation am Unglückstag war gut. Es war zwar relativ windig, aber es herrschten gute Sichtverhältnisse sowie milde Temperaturen", so Andreas Ermacora, Präsident des Alpenvereins, „unsere Anteilnahme gehört allen Angehörigen der Opfer." Obwohl die beiden Bergführer kurzfristig wegen fahrlässiger Tötung festgenommen werden, ergeben Untersuchungen, dass der Lawinenabgang unvorhersehbar war.

Skandal-Scherz rund um Amstettens Horror-Vater Josef F. Denn einen April-Gag weit unter der Gürtellinie erlaubt sich ein gewisser Andy auf dem Kurznachrichtendienst Twitter. Er bringt das weltbekannte Wrestling-Urgestein Hulk Hogan (gr. Bild) in Bedrängnis, da dieser das Bild vom vermeintlich braven Opa auf seiner Internetseite verbreiten sollte.

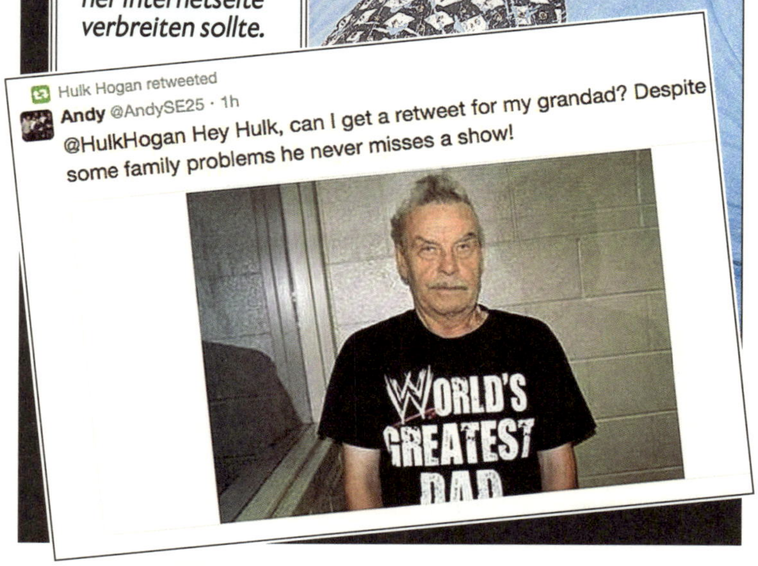

Hulk Hogan retweeted
Andy @AndySE25 · 1h
@HulkHogan Hey Hulk, can I get a retweet for my grandad? Despite some family problems he never misses a show!

Thailands „Elefanten-Ritt" der buddhistischen Mönche

Trotz der enormen politischen Wirren der vergangenen Jahre wird in Thailand die Tradition sehr hochgehalten. Zu einem Höhepunkt buddhistischer Religionskultur zählt dabei der Ritt von Mönchsanwärtern auf bunt bemalten Elefanten durch den Yom-Fluss. Gemäß der bewahrten Volksgeschichte soll nämlich jeder männliche Thai mit Vollendung seines 20. Lebensjahres für eine bestimmte Zeit in den Mönchsorden eintreten. Mit Meditation und Gebeten sollen die jungen Männer zu sich selbst finden können. Erst dann ist es einem jungen Thailänder erlaubt der Tradition der Ahnen gemäß eine Frau zur Braut zu nehmen.

***Sexy gibt sich** die frischgeschiedene Cora Schumacher im neuen Playboy. Nachdem bei einem Rennen der Brustmuskel gerissen ist, nützt die 39-Jährige die nötige Operation, um ihre Silikonkissen tauschen zu lassen. Das Ergebnis präsentiert sie stolz im deutschen Männermagazin: „Die Bilder sind Seelenbalsam."*

Trotz Pleiten-, Pech- und Pannenserie im

Gutes Zeugnis

„Die Lehrer haben uns gut vorbereitet" – das ist der Tenor der 19.000 Gymnasiasten, die heuer erstmals zur Zentralmatura antreten. Trotz der Pleiten- Pech- und Pannenserie des Bildungsministeriums im Vorfeld kommen die heimischen Schüler mit der zentralen Reifeprüfung gut zurecht. Einzelne Aufreger gibt es trotzdem.

So wird in Salzburg bei einem Einbruch der Safe mit Fragen geknackt – die Folge: es gibt eine neue Lateinprüfung an allen Schulen. In Wien fliegt ein zu hilfsbereiter Lehrer und eine flächendeckend per Handy schummelnde Klasse auf. Zudem fehlen in einzelnen Testheften Fragen. Und in Niederösterreich manipuliert ein Pädagoge nachträglich die schriftliche Maturaarbeit.

Doch trotz aller kleinen und größeren Pannen besonders im Vorfeld durch das Bildungsforschungsinstitutes (BIFIE) sieht das Zeugnis zum Start der Zentralmatura positiv aus. Was freilich nicht an der als überfordert geltenden SPÖ-Ministerin Gabriele Heinisch-Hosek, sondern eher an dem Bemühen der ebenfalls oft in der Kritik stehenden Lehrer liegt. Wie auch immer: Bei der Notenbilanz schaffen durchschnittlich 90 Prozent der Schüler die schriftliche Premiere.

Wahlkampf pur um Rathaus

Die Schlacht um Wien wirft ihre Schatten voraus. Traditionsgemäß am 1. Mai marschieren die Roten mit Bürgermeister Michael Häupl und Bundeskanzler Werner Faymann auf dem Rathausplatz auf. In den Reden schwingt bei der Absage an Privatisierung des Wassers, des Gesundheitswesen oder der Gemeindewohnungen schon der Wahlkampf mit. Nur eineinhalb Autostunden weg gibt sich der größte Konkurrent FPÖ siegessicher. Deren Chef HC Strache posaunt im Bierzelt in Linz (vor der Bundeshauptstadt wählt auch Oberösterreich): „2015 wird das Jahr der Freiheitlichen!" Punkten kann auch die Grüne Vizebürgermeisterin Maria Vassilakou mit dieser originellen Plakatwerbung.

Schlimmer Verdacht gegen steirische Pädagogin

Lehrerin gibt Schüler Drogen

Verabreichung von Drogen an ihre Schüler und sexuelle Belästigung: die Verdachtsmomente gegen die Lehrerin an einer steirischen Mittelschule wiegen schwer. „So soll die Pädagogin die Kinder bei Partys mit selbst gemachtem Traubenzucker und Gummibärchen, gespickt mit Suchtgift, gefügig gemacht haben", so „Krone"-Redakteur Monika Krisper. Ein Elternteil erstattet Anzeige und bringt damit alles ins Rollen.

Bildungsministerium schaffen 90 Prozent der Schüler die zentrale Reifeprüfung

zum Start der Zentralmatura!

Viel Aufregung im Vorfeld, dann ein positives Zeugnis: der Start der Zentralmatura verläuft gut. Die Ministerin entzieht aber dem BIFIE die Agenden.

▲ Diese jubelnden Maturanten haben die Premiere der schriftlichen Zentralprüfung geschafft, trotz Pannen wie ein in Salzburg geknackter Safe mit Lateinfragen. ▶

Krone-Chronik Mai 2015

- Die weltweite Interpol-Fahndung nach der kleinen Rosalie aus Wien hat ein Ende! Nach sechs Monaten Flucht stellt sich die Mutter (45) der heute Dreijährigen mit ihrer Tochter der Polizei.
- Bei einem Amoklauf im schweizerischen Würenlingen gibt es fünf Tote. Ein 36-Jähriger erschießt seine Schwiegereltern, den Schwager, einen Nachbarn und sich selbst.
- Nachdem im Herbst des Vorjahres ein Polizist im kärntnerischen Mölltal bei einer Radarmessung zum Opfer einer Gülle-Sprengfalle wird, geht nun ein Verdächtiger aufgrund von DNA-Spuren ins Netz. Motiv: Der 55-Jährige wollte den Beamten bloßstellen.

„Krone“-Serie zu brennenden Fragen:

Wie es künftig mit den Pensionen weitergeht

Wie sicher sind unsere Pensionen? Bleibt mir im Alter genug Geld? Diese und andere Fragen beantwortet das „Krone“-Team der Wirtschaftsredaktion in einer mehrteiligen Serie. Für Finanzminister Schelling geht es „um die nächsten 20 Jahre und wie wir unser Pensionssystem jetzt an diese Herausforderungen anpassen“.

Christian Ebeert, Manfred Schumi, Gerald Hofbauer und Virgil Siegl nehmen das aktuelle Pensionssystem genauestens unter die Lupe. Neben Antworten auf brennende Fragen lieferten die Wirtschaftsexperten auch Analysen über mögliche kommende Reformen. Denn die wird es geben (müssen), beträgt doch der jährliche Zuschuss aus dem Budget jetzt schon rund 21 Milliarden Euro Steuergeld – die Tendenz ist stark steigend. Das liegt vor allem und glücklicherweise an unserer steigenden Lebenserwartung, wegen der viele länger in den Genuss ihres Ruhestandes kommen.

Während die SPÖ noch bremst, drängt Finanzminister Hans Jörg Schelling jedenfalls zur Eile. Anfang 2016 soll das System „evaluiert“ werden und bis dahin Expertenvorschläge auf dem Tisch liegen.

Eine Nacht im Großstadt-Biwak

50 Meter über Wien

Wie schläft es sich im Steilwand-Zelt 50 Meter über dem Wiener Gürtel? Die „Krone“ macht in Person von Facebook-Profi Paul Tikal den Test. Für 250 Euro pro Person und Nacht kann man in einem der Outdoor-Zelte an der Fassade des Wiener Ibis-Hotels nächtigen. Ein Adrenalin-Kick. An Ruhe ist wegen der Autos am Gürtel und der U-Bahn ohnehin nicht zu denken.

***Die Kultband AC/DC** sprengt Rekorde! Beim Konzert der Superlative im steirischen Spielberg feiern 105.000 Fans eine Rock-Party. Gitarrist Angus Young (Foto) und Sänger Brian Johnson begeistern mit Klassikern wie „Highway To Hell“ oder „You Shook Me All Night Long“ und „Hell's Bells“. Auch die mit Hörnern geschmückte Bühne fasziniert unter anderem mit gewaltigen Feuerfontänen oder sechs mächtig donnernden Kanonen.*

Auch Österreich als Ziel der US-Spionage

Diplomatischer Megawirbel um eine US-Abhöraktion. Der Deutsche Bundesnachrichtendienst (BND) betreibt jahrelang Wirtschaftsspionage gegen unser Land – im Auftrag des amerikanischen Geheimdienstes NSA werden systematisch auch die heimischen Telefonleitungen abgehört.

Busfahrer ohnmächtig Schüler (13) als Held

Held des Tages im US-Staat Washington ist der 13-jährige Jeremy. Als der Fahrer seines Schulbusses während der Fahrt ohnmächtig wird, übernimmt der Bub einfach beherzt das Steuer. Er fährt zur Seite, zieht den Zündschlüssel ab und bringt so das tonnenschwere Gefährt zum Stehen.

Kronen Zeitung
UNABHÄNGIG

Jetzt auch Prinzessin für William und Kate

Freudentag für das Königshaus und die Briten (Bd. re.): William und Kate bekommen ihr zweites Kind – eine kleine Prinzessin! Die kleine Charlotte Elizabeth Diana kann die ganze Aufregung aber gar nicht verstehen und verschläft einfach ihren ersten großen Auftritt. Derweil freut sich Brüderchen Prinz George schon auf seinen zweiten Geburtstag.

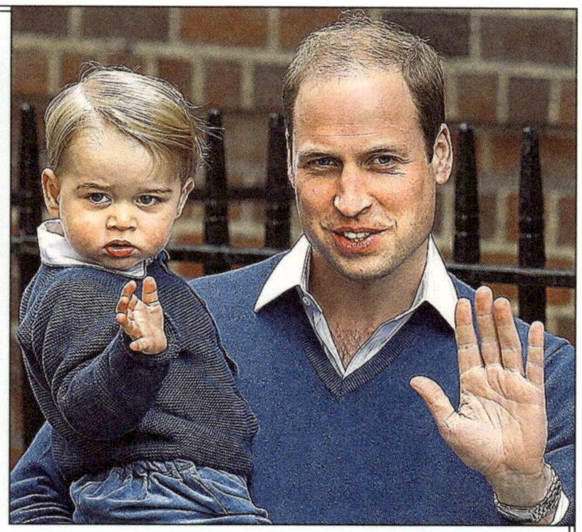

***25 Jahre Schloss** am Wörthersee feiern die Macher der Kult-TV-Serie mit prominenten Gästen. Beim „Klassentreffen" im Nobelhotel von Milliardär Karl Wlaschek in Velden mit dabei auch prominente Gäste wie Star-Entertainer Thomas Gottschalk (64; Bild o.) und Wörthersee-Legende Otto Retzer (li. mit der nach einem Halswirbelbruch wieder genesenen Waltraud Haas, 87).*

Ansuchen ist laut Richter politisch motiviert:

Oligarch wird nicht an die Amerikaner ausgeliefert

Nach 12 Stunden Verhandlung urteilt Richter Christoph Bauer (noch nicht rechtskräftig): Der ukrainische Gas-Oligarch Dmytro Firtasch wird nicht an die USA ausgeliefert. Die Amerikaner wollen ihn vor Gericht stellen, weil er angeblich in Indien Beamte bestochen hat. Nach einem Haftbefehl wurde der Milliardär in Wien verhaftet und zahlte 125 Millionen Euro Rekordkaution für seine Freilassung. Wird das Urteil rechtskräftig bekommt er das Geld zurück und der Steuerzahler muss noch für die Zinsen aufkommen.

Die Verteidigerriege von Dmytro Firtasch (Mitte) beim Gericht in Wien.

„Auf EU-Verordnung pfeif' ich" ● Behörden-Kontrolle nach Schonfrist ● Bis

Allergene müssen auf der Speisekarte ausgewiesen werden

Allergene-Vorschrift: Wirte bei Kontrollen

Der Allergene-Verordnungszwang der EU stößt den Gastronomen hierzulande sauer auf. Auch das Wiener Marktamt greift durch. Mehr als 1000 Wirte, Würstelstandbesitzer und Essenszusteller werden binnen weniger Wochen kontrolliert. Aber lediglich zwölf Betriebe sind angezeigt worden – Geldstrafen bis zu 350 Euro.

Zu den „schwarzen Schafen" gehören vor allem Lieferküchen, die auf Postwurf-Speisekarten überhaupt keine Angaben zu den Allergenen machen. „Oft sind das kleine Quetschn, die nur vom Zustellservice leben", sagt Alexander Hengel vom Marktamt im Gespräch mit „Krone"-Redakteur Alexander Schönherr. Auch einen Wirten, der im Lokal „Auf die EU-Verordnung pfeif' ich" plakatiert, finden die gestrengen Prüfer.

***Das Sport-Traumpaar** Tiger Woods und Lindsey Vonn haben sich getrennt. Während der amerikanische Golfstar nun alleine abschlagen muss, zeigt sich das US-Skigirl gelöst und sexy. Pikantes Detail: Woods soll seinem Ruf als notorischer Fremd-Flirter wieder einmal treu gewesen sein. Diesmal wird ihm von einem Klatschmagazin ein Seitensprung mit der frisch geschiedenen Frau seines Golffreundes Jason Dufner, der überaus hübschen Amanda Boyd, nachgesagt.*

Bissattacken: Postler jetzt mit Hundeleckerlis

Für den Frieden am Gartenzaun und weil im Vorjahr österreichweit 47 Briefträger gebissen worden sind, werden die Postler jetzt mit zehn Tonnen Hundekeksen ausgestattet. Das neue Konzept kommt übrigens auch bei den Tierbesitzern gut an, denn die Leckerlis werden natürlich nur in vorheriger Absprache mit Herrl und Frauerl überreicht ...

Junger Lokführer übersieht Signal: „Todes-Crash"!

Einen Toten und acht Schwerverletzte fordert die frontale Kollision von zwei Personenzügen nördlich von Graz. Ursache für das Unfalldrama: Ein junger Lokführer der Landesbahnen hat ein Wartesignal missachtet, worauf es zum fatalen Zusammenstoß gekommen ist. Der 21-Jährige selbst wird im Führerhaus eingeklemmt und stirbt.

***„Merci und adieu!"** – Fast fünf Monate nach seinem Tod verabschieden sich nun Angehörige und Fans auf dem Wiener Zentralfriedhof von Udo Jürgens. Die Urne mit den sterblichen Überresten des Stars wird in dem Ehrengrab in Form eines Marmorflügels bestattet.*

350 Euro Bußgeld

Die ersten abgestraft

Nach der Schonfrist muss nun kontrolliert werden. Die Bußgelder liegen zwischen 250 und 350 Euro. Trotz des großen Arbeitsaufwands sind die meisten Gastronomen vorbildlich bei der Umstellung der Speisekarten. Welche Inhaltsstoffe im Essen sind, muss nicht zwangsläufig ausgehängt werden, sondern kann auch mündlich von Kellner oder Koch mitgeteilt werden. Dafür gibt es kostenlose Schulungen.

***Gute Gene** in die Wiege gelegt bekommen hat Lenny Kravitz' schöne Tochter Zoë. Und weil die 26-Jährige eben so einen feschen Rock-Star als Papa hat, kann sich das Ergebnis ihres Fotoshootings für das amerikanische Modemagazin „Flaunt" auch wirklich sehen lassen. Dabei entstehen diese erotischen Aufnahmen und Zoë erzählt außerdem darüber, wie anstrengend ihr Alltag als Sängerin einer Band (Lolawolf) und als Schauspielerin ist. Die Frau weiß genau, was sie will.*

***Aufregung** um Privatreisen mit dem Dienstauto von SPÖ-Verteidigungsminister Gerald Klug. Denn eine aufgedeckte Frankreich-Tour mit dem 7er-BMW des Heeres ist kein Einzelfall: Gerald Klug lässt sich von seinem Kraftfahrer auch nach Südtirol zu Verwandten bringen. Und zu einem Fahrbefehl für eine Privatfahrt nach Udine sagte er: „Das hat in der Realität nicht stattgefunden."*

Krone-Chronik Mai 2015

● Der Innsbrucker „Schrebergarten-Mord" ist geklärt. Nachdem ein TV-Kameramann über die vergrabene Leiche gestolpert ist, wird nun der tatverdächtige Agostina Heinrich K. (44) in München verhaftet. Er soll seinen Bekannten Helmut Herburger (59) nach einem Streit mit einem Stein erschlagen haben.

● Bange Minuten für 53 Passagiere eines AUA-Fluges von Wien nach Innsbruck. Kaum in der Luft, dringt Rauch wegen eines defekten Triebwerks – die dritte derartige Panne nach Ofen und Kaffeemaschine – in Cockpit und Kabine ein.

● Ungewöhnliche Online-Bestellung an eine Pizzeria in Florida: Da Cheryl Treadway und ihre drei Kinder als Geiseln gehalten werden, bittet Cheryl im Kommentarfeld um Hilfe. Der Freund der Frau wird verhaftet.

Boxer-Rekordbörse von 250 Mio. Dollar

Mayweather gewinnt „Jahrhundert-Kampf"

Es ist – zumindest von der Börse her – der „Kampf des Jahrhunderts". Beim Boxduell zwischen Floyd Mayweather und dem philippinischen Nationalhelden Manny Pacquiao (36) geht es um mindestens 250 Millionen US-Dollar. Der regierende Weltmeister im Weltergewicht bekommt davon satte 150 Millionen, sein Gegner den stolzen Rest.

Das Duell selbst im MGM Grand Hotel in der Spielerstadt Las Vegas ist dann unspektakulär: der 38-jährige Amerikaner gewinnt ganz klar nach Punkten. Im September will der ungeschlagene Mayweather noch für seinen 49. Rekordsieg in den Ring steigen, danach sei Schluss.

Rekord-Boxer Mayweather ist auch von Pacquiao nicht zu stoppen. ▶

Francesca ▶ Habsburg mit Tochter Eleonore sowie Sohn Ferdinand & Freundin Sophie; ebenso vom Outing berührt wie sexy Brigitte Nielsen ▼

Auch Operndiva Anna ◀ Netrebko und Yusif Eyvazov zeigen sich im Rathaus bewegt vom mutigen HIV-Outing des Organisators Gery Keszler ▼

Stars sind ergriffen von Organisator Keszlers Rede über seine HIV-Infektion:

Bewegendes Outing beim Life Ball

„Ver sacrum", also „Heiliger Frühling", lautet das Motto des 23. Life Balls. Doch das Thema sowie die alle Jahre feierliche Eröffnung – dieses Jahr mit Jean-Paul-Gaultier- und Conchita-Wurst-Auftritt – gerät am 16. Mai angesichts Keszlers HIV-Outing ins Hintertreffen.

Denn der Organisator des größten Charity-Events im Kampf gegen AIDS ist es, der Tausende Menschen auf dem Wiener Rathausplatz und vor den TV-Bildschirmen mit seiner Rede in den Bann zieht. Mit tränenerstickter Stimme gedenkt er eines kürzlich an AIDS verstorbenen Freundes und lässt eine Bombe platzen. „Ich war einer der ersten in Österreich, die sich mit AIDS infiziert haben. Ich will den Betroffenen Mut machen", so der Mann, dessen Fest niemanden kalt lässt, „entweder man liebt uns, oder man hasst uns", mahnt Gerry weiter und warnt im selben Atemzug vorm „sozialen AIDS".

„Gerry hat nicht nur viel Mut bewiesen, sondern darauf aufmerksam gemacht, dass noch immer viel zu tun ist", so ein erstaunter ORF-Moderator Alfons Haider.

***Per Traumtor** schießt sich Kapitän Sidney Crosby (re.) in den „Triple-Gold-Club" des Eishockeys: Stanley-Cup-Sieger, Olympiasieger und nun auch Weltmeister! Erstmals seit acht Jahren jubelt Kanada in Prag mit einem 6:1 über Titelverteidiger Russland wieder als Weltmeister.*

Kronen Zeitung

Schweden gewinnt Song Contest

Sonntag, 24. Mai 2015 / Nr. 19.786, €1,–
Wien Krone
Kronen Zeitung
UNABHÄNGIG
www.krone.at
Wien 19, Muthgasse 2, ☎ 01/36 011-0
ABO-SERVICE: ☎ 05 7...

...nstag, 23. Mai 2015 / Nr. 19.785, €1,–
Wien Krone
Kronen Zeitung
UNABHÄNGIG
www.krone.at
Wien 19, Muthgasse 2, ☎ 01/36 011-0
ABO-SERVICE: ☎ 05 7060-600

Song Contest: Das große Finale

Conchita singt mit den Sängerknaben, die Philharmoniker spielen auf – Millionen fiebern vor dem Bildschirm mit!

Foto: AP Photo/Kerstin Joensson

Mit Ihrer „Krone"-Voting-Tabelle zum Herausneh...

Applaus für Song Contest

Riesenapplaus für den Eurovision Song Contest Vienna 2015. „Building Bridges" ist nicht nur ein Slogan geblieben: Es werden echte Brücken zwischen den Ländern, Nationen und Menschen Europas gebildet. Mit zwölf Punkten und viel Beifall für Österreich als Veranstalter endet der Musik-Wettbewerb. Der ORF liefert eine professionelle TV-Show und sexy Schwedenbombe Måns Zelmerlöw, der mit seinem Titel „Heroes" triumphiert, ist ebenso wie unsere glücklosen Makemakes (Null Punkte) vom Reiz des Wiener Charmes begeistert.

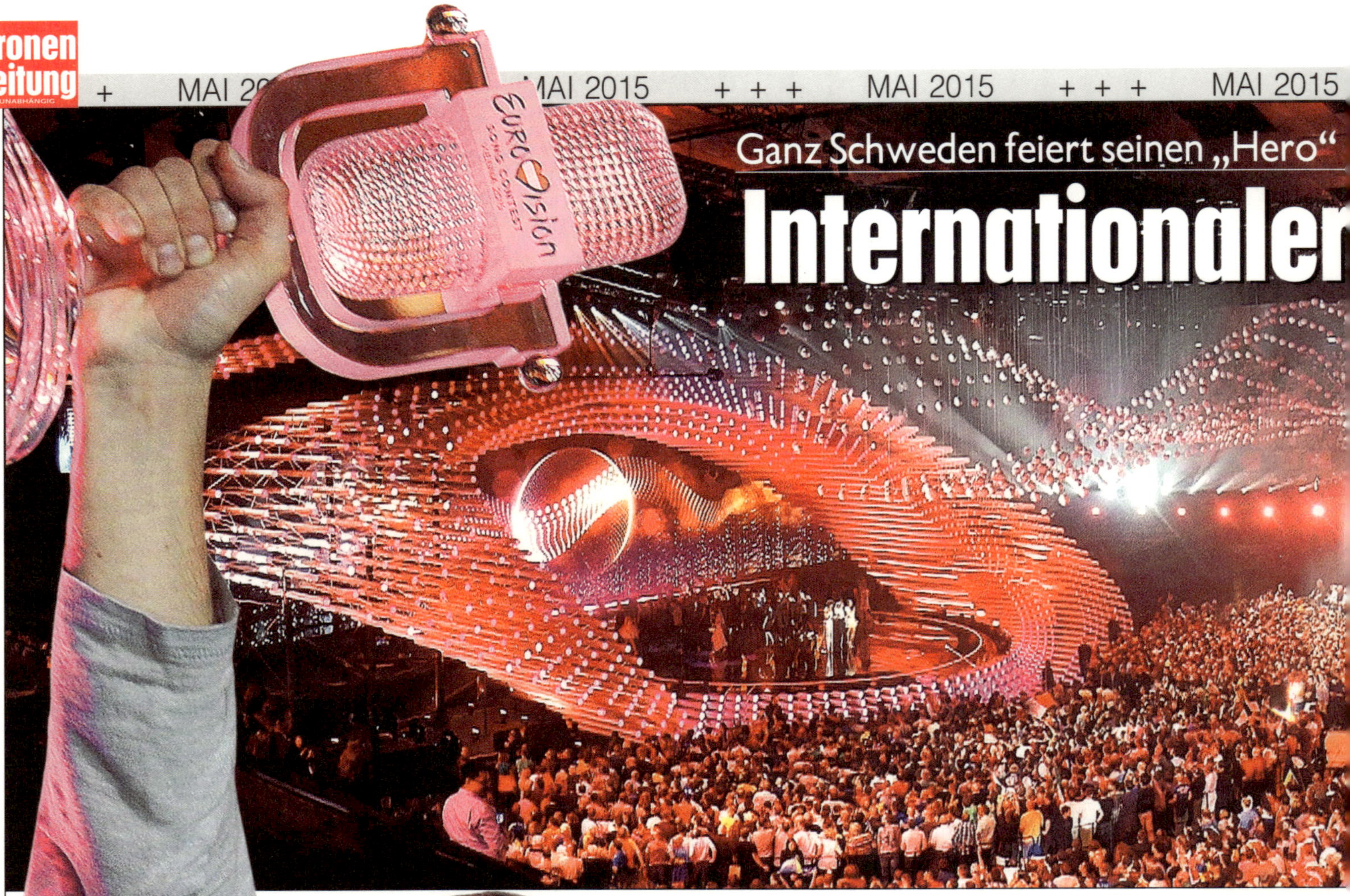

Ganz Schweden feiert seinen „Hero“

Internationaler

Von Austria bis Australia, Island bis China – zig Millionen begeisterte Zuseher rund um den Globus verfolgen das Finale des Song Contests in Wien. Während es international einen Riesenapplaus für den Mega-Event gibt, lecken die Verlierernationen – wie Österreich – ihre Wunden.

Was für ein Abend! Diesen Song Contest ganz in Rot-Weiß-Rot wird man so schnell nicht vergessen: Die Philharmoniker läuten das Finale mit der Rekordzahl von 27 Nationen ein, gefolgt von Conchita, die von einem Podest mitten in der Halle auf die Bühne fliegt, um mit den Sängerknaben die Show zu eröffnen. Die Halle flippt dann das erste Mal so richtig bei Israels „Golden Boy“ aus. Doch alles wartet mit Spannung auf den angesagten Topstar des Contests, den Schweden Måns Zelmerlöw, dessen „heroischer“ Auftritt

Während Sieger Måns Zelmerlöw (li.) mit dem Pokal-Mikro triumphiert, verglühen die Makemakes ebenso wie ihr Klavier.

Kronen Zeitung UNABHÄNGIG

▶ Nullnummer-Gejammere in Deutschland & Österreich ▶ Austro-Begeistererung:

Applaus für Wiens Mega-Event!

Großartige ▶ Moderation von Arabella Kiesbauer, Mirjam Weichselbraun & Alice Tumler. Für internationales Echo sorgen gegenderte Ampelpaare. ▼

Conchita Wurst schwebt durch die Stadthalle und eröffnet die Finalshow mit der „Building Bridges"-Hymne

mit tanzenden Strichmännchen der originellste Showact ist. Überragend und auch mit Jubel bedacht wurde die Russin Polina Gagarina.

Nachdem der schwedische „Hero" mit 365 Punkten den Sieg für sich entscheidet, landen Österreichs Makemakes mit 0 Punkten unverdienterweise und ebenso wie Deutschland abgeschlagen auf dem letzten Platz.

Die Makemakes üben sich in Selbstirone: „From Hero to Zero . . ." Doch abgesehen vom musikalischen Debakel entpuppt sich die Mega-Show als Riesenhit.

So jubelt auch ORF-Finanzdirektor Richard Grasl, dass das Budget eingehalten werden konnte, über doppelte Einnahmen bei den Werbeblöcken und dass 1,9 Millionen vor den Fernsehgeräten mitfieberten. Was bleibt: ein enormer Werbewert für Wien und ganz Österreich!

Fest der Musik und des Miteinanders

FRANZISKA TROST

Kommentar

Im Pressezentrum des Eurovision Song Contests in der Wiener Stadthalle herrschte zwei Wochen lang emsiges Treiben – und es wurde immer hektischer und nervöser, je näher das Finale heranrückte. Doch trotz des Stresses sah man überall fröhliche Gesichter. „Das ist eines meiner schönsten Song-Contest-Erlebnisse", meinte ein Südafrikaner, der seit 23 Jahren vom Wettsingen berichtet. Und ihm pflichteten viele ESC-Veteranen bei. Vor allem die zahlreichen Volunteers sorgten dafür, dass sich jeder wohl fühlte, bis zum Schluss waren sie immer hilfsbereit und steckten alle mit ihrer guten Laune an. Eine Stimmung, die die internationalen Journalisten in ihre Heimat tragen werden.

Natürlich feierten auch die Fans: Auf dem Rathausplatz trotzten Tausende dem „Sauwetter", um bei diesem einzigartigen Event mitzufiebern, die Einschaltquoten des ORF beweisen, wie hoch das Interesse in den Wohnzimmern der Österreicher war. Und dem ORF ist es gelungen, ein wunderbares Bild von Österreich in die Welt zu transportieren. Ein offenes, modernes, freundliches. Vor allem die originellen „Postkarten" der Teilnehmer als auch die Pausenfilme tappten nie in österreichische Klischee-Fallen, sondern präsentierten rot-weiß-rotes Lebensgefühl mit Witz, Esprit und Charme.

Ein großes Lob an alle, die seit einem Jahr an diesem Eurovision Song Contest gearbeitet haben – und daraus so ein wunderbares Fest der Freude, der Musik, Offenheit und des Miteinanders gemacht haben.

Bilanz

DR. GEORG WAILAND

Überstunden-Euro als „Überschmäh"

Preisfrage: Wie lenkt man ab, wenn die Arbeitslosigkeit steigt und steigt und keine Besserung in Sicht ist, man aber als Sozialminister dafür verantwortlich ist? Man erfindet ein neues Thema und schießt zugleich auf „übliche Verdächtige". Das verschafft Luft und ist zudem unterhaltsam. Wenn diese Blase zerplatzt ist, hat dann die Öffentlichkeit auf die hohe Arbeitslosigkeit „vergessen".

Fast wäre es tatsächlich Sozialminister Hundstorfer mit seinem sympathischen Schmäh gelungen, die ganze Nation in die Irre zu führen. Schuld an der hohen Arbeitslosigkeit seien „die vielen Überstunden", man müsste nur jede Überstunde mit einem Euro bestrafen, und schon würde das, Mirakulix schau oba, locker 8500 neue Jobs schaffen. Bezahlen sollten das, wie könnte es auch anders sein, natürlich „die üblichen Verdächtigen", sprich „die Unternehmer". 200 Millionen würde das einbringen!

Ja, so macht Wirtschaft richtig Spaß. Einfache Rezepte, nur kein Nachdenken und schon gar kein Nachrechnen. Nein, nein, das wollte die Opposition ja auch schon bei den Pensionen, na, das hat der smarte Hundstorfer aber blitzartig vom Tisch gewischt! Kanzler Faymann assistierte artig: Ihm sei der Rudi halt viel lieber als ein kalter Rechenautomat. Eh klar! Und alles paletti . . .

Hm, nur blöd, dass Überstunden nicht nur bei privaten „Ausbeutern" geleistet werden: Im Bundesdienst sind es pro Jahr mehr als zwölf Millionen! Spätestens da entpuppt sich der „Überschmäh" als simpler Trick . . .

Michael Hartner (34) war mit seinem Hund auf der Flucht

Noch ehe Leiche gefunden war

Flüchtiger Mörder gesteht im Internet

„Bin ein Mörder, bin ein schlechter Mensch . . . Hab euch alle lieb". Eine Stunde bevor die Leiche der 41-jährigen Doris P. in ihrer Wohnung in Traun (OÖ) gefunden wird, gesteht ihr Lebensgefährte Michael Hartner die Tat im Internet. Der Facebook-Eintrag ist auch der Auslöser, warum die Angehörigen der Frau Alarm schlagen. „Kurz darauf werden die erdrosselte Postlerin und ihr zu Tode getretener Mops gefunden", so „Krone"-Redakteur Markus Schütz. Während der mutmaßliche Täter auf der Flucht ist, überschlagen sich Internet-Reaktionen. Die Tochter des Opfers etwa postet: „du ratte host mei mama umgebracht!" Nach längerer Flucht wird der Mann doch aufgespürt und gefasst.

SPÖ-Urgestein blitzt mt seinem Wirtschaftswachstumsplan ab

Sozialminister Hundstorfer will „Extra-Euro" für Überstunden

Mit einem „Überstunden-Euro" will Sozialminister Rudolf Hundstorfer (SPÖ) die Lohnnebenkosten senken. Den Extra-Euro sollen die Arbeitgeber zahlen, im Gegenzug würden die Krankenkassenbeiträge für die Unternehmen niedriger werden, erklärt Hundstorfer.

Der Sozialminister präsentiert in der ORF-Pressestunde eine Überstunden-Idee, die er aber nicht durchbringt.

„Mit dieser Maßnahme will der Minister einen Anreiz schaffen, die Mehrarbeit auf zusätzliche Jobs zu verteilen. Er rechnet dabei mit 8500 zusätzlichen Stellen", so Politik-Redakteurin Doris Vettermann. Mit diesem Vorschlag tritt Hundstorfer an die Wirtschaft heran, diese lehnt eine solche Überstunden-Abgabe jedoch ab.

Während die ÖVP in Sachen Pensionsreform auf das Tempo drückt, bremst der Minister. Man könne nicht alle zwei Jahre die Regeln ändern, so Hundstorfer. Priorität habe die Anhebung des faktischen Pensionsalters – von 58,4 auf 60,1 Jahre bis zum Jahr 2018. Der Sozialminister hofft auf ein „lebendiges Wirtschaftswachstum" in den kommenden zwei, drei Jahren und dass die Rekordarbeitslosigkeit „runterkomme".

Russlands Imperator *Wladimir Putin: Als die ersten Bilder der Denkmäler das Ausland erreichen, denken viele, es handle sich um eine Verspottung des Kremlchefs. Doch es ist bitterer Ernst! Russland wird mit grotesken Statuen in Form von römischen Imperatoren übersät. Unterdessen taucht der Russenzar immer öfter mit Freundin Alina (o.) unter.*

Krone-Chronik Mai 2015

- Die Musikwelt trauert um den König des Blues: B.B. King ist mit 89 Jahren in Las Vegas für immer eingeschlafen.
- Über den Marathon-Bombenleger von Boston (USA) wird die Todesstrafe verhängt. Islamist Dschochar Zarnajew (21) hatte 2013 mit seinem Bruder drei Menschen getötet und 264 verletzt.
- Weltrekord: Die Brasilianerin Sebastiana Maria da Conceição (51) bringt ihr 21. Kind zur Welt.
- Sensationsfund in Kenia: Bereits vor 3,3 Millionen Jahren – 800.000 Jahre, bevor die Gattung Mensch entstand – stellten Vormenschen Steinwerkzeuge her.

Rockerkrieg in Texas! *Bei Kämpfen zwischen fünf rivalisierenden Rockergruppen sterben in der texanischen Stadt Waco neun Menschen, 18 werden verletzt. Ein Streit war auf dem Parkplatz eines Restaurants eskaliert. Es fing mit Faustkämpfen an, dann wurden Ketten, Knüppel, Messer und zuletzt Schusswaffen eingesetzt.*

Promihäftling war im Häfen Vorzeigeinsasse

Ex-Minister Strasser ist dank Fußfessel frei

Seit 28. Mai ist der ehemalige Innenminister und EU-Abgeordnete Ernst Strasser (59) wieder frei. Er war wegen Bestechlichkeit in der Lobbyisten-Affäre samt „unmoralischem Angebot“ von 100.000 Euro zu drei Jahren Haft verurteilt worden. Im November 2014 trat er die Haft an. Laut Josef Schmoll, Direktor der Simmeringer Vollzugsanstalt, darf der Vorzeigeinsasse mit der Fußfessel die Freigängerabteilung endgültig verlassen. Somit hat Strasser von seiner Strafe nur sechs Monate abgesessen.

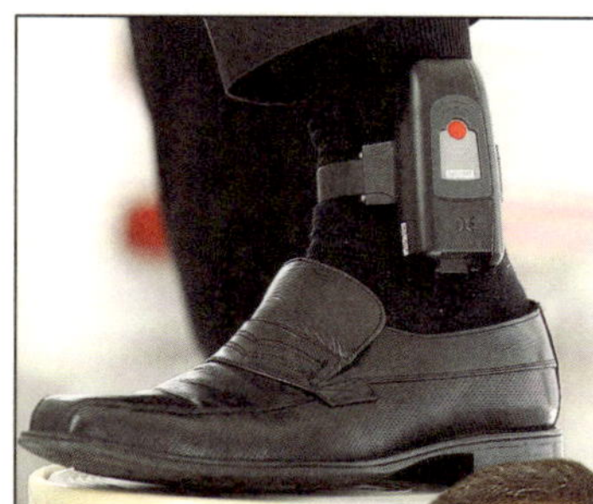

▲ *Am Fußgelenk montiert zeigt die Fessel ständig an, wo sich Ex-Minister Strasser gerade aufhält.*

Familiendrama auf unbeschranktem Bahnübergang im Erlauftal

Kleinbus von Zug zermalmt:

Grauenhaftes Zugsdrama an der Erlaufbahn (NÖ): An einem ungesicherten Bahnübergang wird der Seat-Minivan einer jungen Familie von einem Triebwagen erfasst und von dem tonnenschweren Gefährt regelrecht zermalmt. Die Eltern und drei ihrer Kinder sterben, drei Minderjährige werden zum Teil schwer verletzt.

▲ *Todesdrama: Am nur durch eine Stopptafel gesicherten Bahnübergang sterben Patrick Z. (26), Lebensgefährtin Anita (32) und drei Kinder.*

Verbogene Eisentrümmer, Wrackteile, Blut und schreiende Verletzte: Nach dem Horrorcrash bei Purgstall bietet sich den Einsatzkräften ein Bild des Grauens. Denn die herannahende Garnitur erfasste den Minivan und schleifte ihn rund hundert Meter mit.

Dass der Wagen nur für sieben Personen zugelassen, und dass der 26-jährige Todesfahrer Patrick Z. seit 2008 ohne Lenkerberechtigung unterwegs war, scheint angesichts der Tragödie nur nebensächlich.

Einziges Glück im Unglück: Dank der perfekt organisierten Hilfskette samt Rettungsflügen mit „Christophorus“-Helikoptern des ÖAMTC sind die drei Geborgenen rasch außer Lebensgefahr. Rührend ist die

KTM-Motorräder bringen Milliarden

„Motorräder bringen die heimische Wirtschaft in Fahrt: 2,4 Milliarden Euro beträgt die jährliche Wertschöpfung“, so „Krone“-Redakteur Vergil Siegl. Bereits jeder neunte Erwachsene besitzt eine Maschine. Und: Die österreichische Marke „KTM“ stieg zum größten Hersteller Europas auf und verkauft weltweit jährlich 160.000 Motorräder.

Sieben hochrangige FIFA-Funktionäre in Zürich verhaftet

Fußballbosse hinter Gittern

Die FIFA steckt im größten Skandal ihrer Geschichte: Sieben Funktionäre werden in Zürich festgenommen, gegen 14 weitere wird ermittelt. Es geht um Bestechungszahlungen in den letzten 24 Jahren!

Die Staatsanwaltschaft eröffnet zudem erneut ein Strafverfahren um die Vergabe der Fußball-Weltmeisterschaft 2018 an Russland und 2022 an Katar. Im FIFA-Hauptquartier werden Daten und Dokumente für die Beweisführung sichergestellt. Den Beschuldigten wird Bestechung, Betrug, Erpressung und Geldwäsche vorgeworfen. Laut Schweizer Bundesamt für Justiz geht es um die Annahme von Schmiergeldern jenseits der 100-Millionen-Dollar-Summe. Als Bestecher gelten Sport-Vermarktungsunternehmen und -Medien.

● 3 Kinder verletzt

5 Tote!

Anteilnahme der Gemeinde, die sich sofort um den überlebenden Martin (12) sowie seine kleinen Schwestern Nadine (4) und die fünfjährige Julia kümmert.

Die Flagge entweiht! *Das ist der Tatbestand, weshalb russische Behörden gegen die schöne Sofia Nikitschuk ermitteln. Denn „Miss Russland" hatte in eine glänzende Staatsfahne gehüllt (Bd. ob.) fürs Titelbild der Zeitschrift „Stolnik" posiert. In Erinnerung an den Sieg der Sowjetunion über den Faschismus – ein Politskandal!*

Das Drama der „Staubfrau" von 09/11 . . .

Durch den 11. September 2011 wurde Marcy Borders weltberühmt, aber nie mehr glücklich. „Über und über mit Staub bedeckt, im Geschäfts-Outfit, fahles Licht, ihr Blick eine Mischung aus Entsetzen und Todesangst", so beschreibt Redakteurin Eva Lehner das erschütternde Bild, das um die Welt ging. Im Sommer outet sich Marcy: Durch den Giftstaub ist sie an Magenkrebs erkrankt – wenige Wochen später stirbt sie!

Balkan-Familienfehde ● Fahrgast (19) verletzt

Blutrache unter Kosovaren: Todesschüsse in der Bim

Es war geplanter Mord! Davon gehen die Ermittler nach den Todesschüssen bei einer Wiener Haltestelle aus. Zwei Kosovo-Albaner lauern zwei Landsleuten auf. Dann feuert ein Kontrahent. Bilanz: ein Toter und zwei Schwerverletzte, darunter eine unbeteiligte junge Frau.

Der flüchtige Todesschütze (ob.) und sein Freund, der sich stellte

Zu Wildwestszenen an der Haltestelle Johnstraße in Wien-Fünfhaus kommt es am Pfingstwochenende in einer Garnitur der Straßenbahnlinie 49. Denn als zwei der Streithähne den Waggon nach einem handgreiflichen Streit verlassen wollen, zückt ein Kontrahent eine Waffe und feuert wild um sich. Dabei werden ein Brüderpaar und eine 19-Jährige, die einsteigen wollte, getroffen. Das ältere der Opfer, ein 28-Jähriger, stirbt während einer Notoperation, sein schwerverletzter Bruder kommt auf die Intensivstation. Während sich einer der beiden Kontrahenten nach dem blutigen Streit der Polizei stellt, taucht der Todesschütze in Wien unter.

Debakel für SPÖ und ÖVP:

▶ „Mittlere Erschütterungen" bei burgenländischen Wahlen
▶ Herbe Verluste für die bisherige rot-schwarze Führung
▶ LH Niessl bildet mit Freiheitlichen einen Regierungspakt

Eisenstadt. – Ratlosigkeit bei SPÖ (-6,3%) und ÖVP (-5,5%), Jubelstimmung bei den Freiheitlichen (+6,1%)! Mit herben Verlusten endet die Landtagswahl im Burgenland. Sein Ziel von 18 Mandaten verfehlt Landeshauptmann Niessl mit 15 Sitzen klar. Danach allerdings gelingt ihm ein Coup: Denn er schließt mit den Freiheitlichen einen Regierungspakt!

LH Niessl selbstkritisch: „Habe das Wahlergebnis verstanden!" Konsequenterweise bildet er mit FPÖ-Chef Johannes Tschürz eine Koalition. ▶

„Mit knapp 42 Prozent, einem Minus von mehr als 6 Prozent, bleibt die SPÖ klar unter den Erwartungen", analysieren die „Krone"-Redakteure Karl Grammer und Sabine Oberhauser das Ergebnis. Kaum besser ergeht es dem bisherigen Regierungspartner ÖVP: 29 Prozent der Stimmen bedeuten künftig elf statt wie bisher 13 Sitze im Landtag. „Mit Demut müssen wir dieses Ergebnis zur Kenntnis nehmen", erklärt ÖVP-Chef Franz Steindl zerknirscht. Jubeln können hingegen die Freiheitlichen über 15 Prozent (+6%) und die Grünen mit 6,4 Prozent (+2,2%).

Im Poker um die neue Regierung geht die SPÖ trotz Wahldämpfer in die Sondierungsgespräche – und schließt schließlich mit den Freiheitlichen einen Regierungspakt. Auch wenn Wiens Landeschef Häupl seinen burgenländischen Kollegen Niessl heftig kritisiert („Er machte einen Fehler!"), bleibt der bei seiner Entscheidung für rot-blau!

FP-Kampfansage: „Sind nicht zu stoppen!

Nach dem freiheitlichen Wahltriumph geht FPÖ-Chef Heinz-Christian Strache mit einer Kampfansage an die rot-schwarze Regierungskoalition in die Offensive: „Wir sind nicht zu stoppen!" Seine Botschaft richtet sich direkt an Kanzler Werner Faymann (SPÖ) und Vizekanzler Reinhold Mitterlehner (ÖVP). Diese könnten „nicht mehr aufhalten, dass die Freiheitlichen als stärkste und bestimmende Kraft auf dem Weg zur Regierungsverantwortung sind". Strache sieht seine Partei jetzt auch als Verbindung von Rot und Schwarz. „Wir sind eine soziale Volkspartei", so der FP-Chef. Und für die kommenden Nationalratswahlen in Oberösterreich und danach in Wien „wäre für die Freiheitlichen alles möglich", so ein mehr als selbstbewusster Strache.

FPÖ auf dem Siegeszug!

Politisches Erdbeben bei Landtagswahl in der Steiermark
„Reformpartner" ÖVP & SPÖ schlittern in riesiges Debakel
Nach FP-Erdrutschsieg tritt Landeshauptmann Voves zurück

Glücklich: Der neue LH Schützenhöfer (ÖVP) beim Selfie mit drei steirischen Narzissenhoheiten

▲ „Abschied & Amtsübergabe" von Landeshauptmann Franz Voves (SPÖ) an Reformpartner Schützenhöfer (ÖVP)

Graz. – Dramatischer Wahlsonntag in der Steiermark. Die selbst ernannte „Reformpartnerschaft" aus SPÖ (-9%) und ÖVP (-8,7%) wird regelrecht abgestraft. Die Freiheitlichen (+16,1%) können sich mit 26,8 Prozent nahezu verdreifachen. LH Voves nimmt seinen Hut . . .

Strache jubelt über den Doppelschlag der Freiheitlichen bei den Landtagswahlen.

„Ganz Österreich hatte auf die Steiermark geblickt, schließlich wurde die Wahl zur Abstimmung über die viel beachtete ‚Reformpartnerschaft' hochstilisiert", so das Krone"-Duo Gerald Schwaiger und Gerhard Felbinger über die Bedeutung des Urnenganges. LH Voves (29%) und sein Stellvertreter Schützenhöfer (28,5%) hatten in den vergangenen fünf Jahren das Land einer „Schlankheitskur" unterzogen – weniger Abgeordnete, weniger Regierungsmitglieder, vor allem aber weniger Gemeinden.

Doch nicht etwa die Zusammenlegungen von Kommunen dürfte wahlentscheidend gewesen sein, sondern die wachsende Asylproblematik. Die Freiheitlichen mit ihrem Spitzenkandidaten Mario Kunasek plakatierten etwa „Fremd im eigenen Land?" Voves hält sein Versprechen und tritt zurück, da seine SPÖ weniger als 30% erreicht hat. Michael Schickhofer folgt als Parteivorsitzender nach.

▲ Nach seinem Polit-Abtritt will sich der ehemalige steirische Landesvater Voves verstärkt um die Familie und vor allem um seine Enkelkinder kümmern.

„Charlie Walker" Wlaschek verstorben

Der Billa-Gründer Karl Wlaschek verstirbt mit 97 Jahren in Graz. Nach dem Zweiten Weltkrieg als Barpianist „Charlie Walker" tätig, schuf er aus eigener Kraft ein Handelsimperium mit den Verkaufsketten Billa, Bipa, Merkur und Libro. 1996 verkaufte er seinen Konzern für 1,1 Milliarden Euro an Rewe und wurde zum Immobilien-Tycoon. Seine drei Immobilien-Gesellschaften Novoreal, Amisola und Estrella kauften jedes Jahr neue Objekte dazu. Wlaschek besaß acht wertvolle Palais in der Wiener Innenstadt, darunter das Kinsky und das Ferstel sowie das Schlosshotel in Velden. Mit einem Vermögen von fünf Milliarden Euro galt er als drittreichster Österreicher. „So sehr er geschäftlich streng war, so sehr konnte ‚Charlie Walker' das Leben mit einem guten Glas Wein genießen. Er war auch fünfmal verheiratet", so „Krone"-Redakteurin Susanne Brosch. Dazu ein Wlaschek-Zitat: „Beim G'schäft bin i guat, bei de Weiber a Depp."

Diktator „Babyface" will den Hunger mit „Wunderähren" bekämpfen.

Fauler Zauber um Nordkoreas Gen-Getreide:

Diktator „Babyface" präsentiert „Wunderähren" im Hungerland

Sein Bauch wird immer dicker, Hunger muss der nordkoreanische Diktator Kim „Babyface" Jong-un sicher keinen leiden. Die Offiziere, die ihm auf einem Versuchsfeld offenbar „gentechnisch veredelte" nordkoreanische „Wunderähren" präsentieren, sind schon deutlich schmaler. Dabei geht es den hohen Militärs wohl noch vergleichsweise gut. Die einfache Bevölkerung in Nordkorea hungert: Laut einem aktuellen Bericht der UN-Welternährungsorganisation leiden fast 42% der 18 Millionen Bürger an Unterernährung.

Krone-Chronik Juni 2015

● Nach drei Wochen auf der Flucht durch halb Europa wird ein gesuchter Doppelmörder von Zielfahndern auf dem Hauptbahnhof von Düsseldorf (Deutschland) festgenommen. Der 29-jährige Pole steht unter Verdacht, in Wien ein betagtes Ehepaar auf brutale Weise getötet zu haben.

● Nach 16 Jahren bei „Pro 7" tritt Star-Entertainer Stefan Raab überraschend von der großen TV-Bühne ab. Ab dem Jahresende will er nur noch seine Familie in den Lebensmittelpunkt rücken.

● Bei einem Unfall in Baku (Aserbaidschan) wird die österreichische Sportlerin Vanessa Sahinovic schwer verletzt. Deshalb widmen ihre Kolleginnen, die Synchronschwimmer-Zwillinge Anna-Maria und Eirini-Marina Alexandri – sie holen Silber bei den Europaspielen – ihre Medaille der querschnittsgelähmten Freundin.

__Zur gefährdeten Art__ werden die Koalas im gesamten australischen Bundesstaat Queensland erklärt. Laut „Koala-Stiftung" leben nur noch schätzungsweise 100.000 Exemplare der Beuteltiere in der Wildnis. Schuld an der schrumpfenden Population sind Klimawandel, Einschränkung des Lebensraums, Krankheiten, Autounfälle und Hundeattacken.

▲ Mit 8618 Punkten triumphierte Jenner im Olympia-Zehnkampf. Bild Mitte: am Cover von Vanity Fair. Begeistert: Kim Kardashian. ▶

Bruce Jenner nach Geschlechtsumwandlung Covergirl

Olympiasieger im Zehnkampf outet sich – Twitterweltrekord!

Der frühere Zehnkampf-Olympiasieger und Stiefvater des TV-Stars Kim Kardashian, Bruce Jenner hat genug von seinem Leben als Mann. Nach einer Geschlechtsumwandlung präsentiert sich der 65-Jährige auf dem Cover des US-Magazins „Vanity Fair" und erklärt stolz: „Call me Caitlyn", „Nennt mich Caitlyn".

In einer der wohl männlichsten Disziplinen, dem Zehnkampf, eroberte der Superathlet 1976 bei den Olympischen Spielen in Montreal die Goldmedaille und erhielt lukrativste Werbeverträge von Visa, MCI oder Coca-Cola. Danach arbeitete Jenner als Filmschauspieler, heiratete drei Mal und wurde Vater von sechs Kindern sowie Stiefvater von Kim Kardashian.

Im Frühjahr bekennt sich Jenner zu ihrer Transsexualität. Sie lässt sich von Starfotografin Annie Leibovitz fürs „Vanity Fair" fotografieren und erreicht mit ihrem Twitter-Account einen Weltrekord: eine Million „Followers" in vier Stunden.

Geländewagen als „Waffe“ ● Dutzende Opfer

Bei Amokfahrt

Geländewagen als tödliche „Waffe“: Österreich ist nach einer Amokfahrt durch die Grazer Innenstadt geschockt. Drei Menschen werden von dem schweren SUV erfasst und sterben, mehr als 30 Passanten sind verletzt. „Es war wie ein Tornado“, so ein Opfer. Bei dem Verdächtigen am Steuer handelt es sich um einen gebürtigen Bosnier und zweifachen Familienvater.

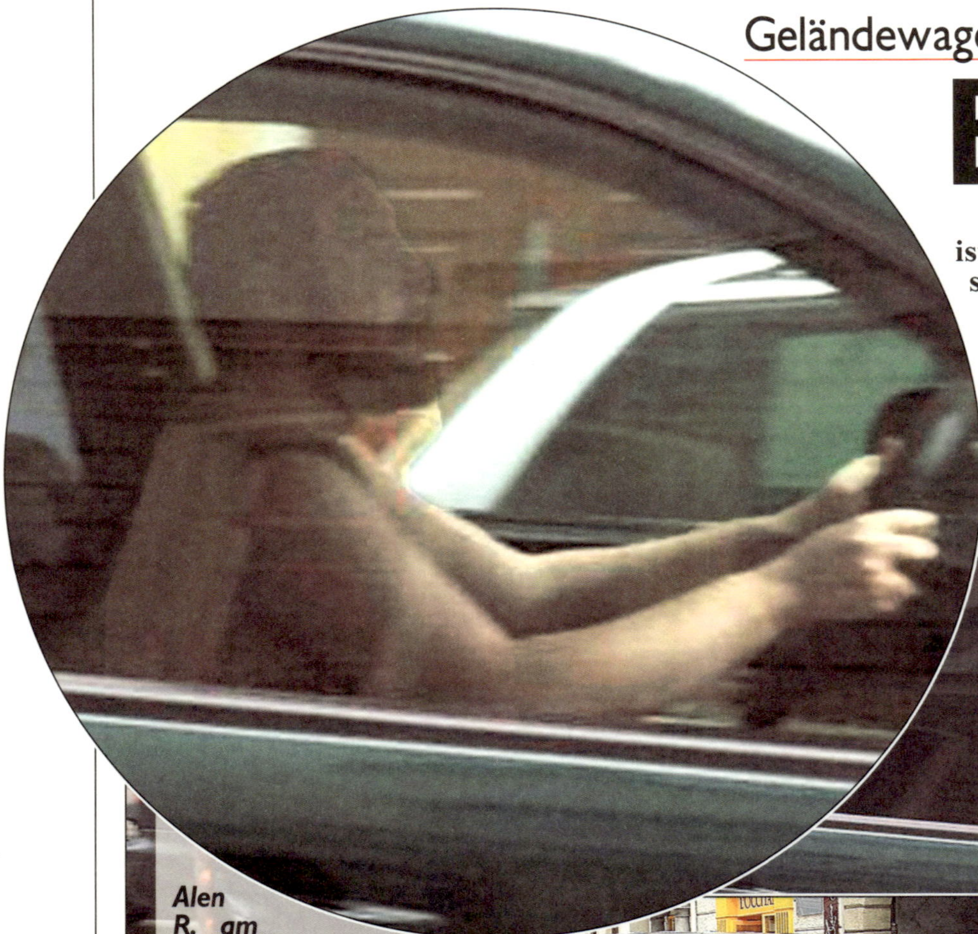

Alen R. am Steuer seines Geländewagens bei der blutigen Amokfahrt durch Graz. Der wirre Blick des 26-Jährigen ist starr nach vorne gerichtet.

in Fußgängerzone der steirischen Landeshauptstadt ● „Es war wie ein Tornado“

durch Graz sterben 3 Menschen

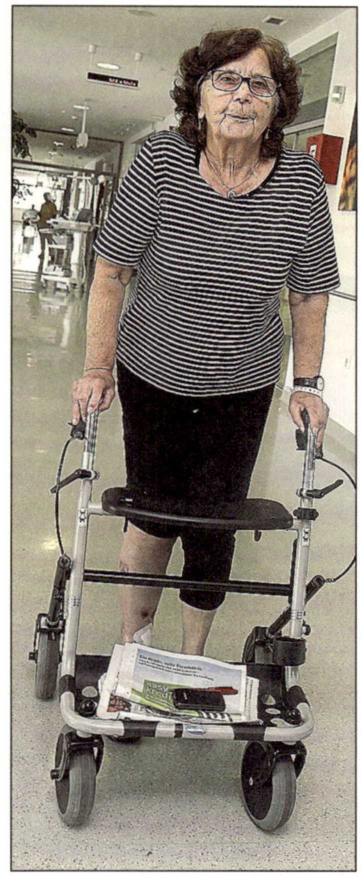

▲ *Valentin (li.) stirbt in den Armen seines Vaters. Auch tot: der 28-jährige Adis D. (re.). Seine frischgebackene Ehefrau überlebt. So wie die 77-jährige Christine Janschitz, die noch Wochen später mit den Folgen kämpft: „Er hat gelacht, als er auf mich zuraste.“* ▶

Ein Video hält die Dramatik fest: die Frau mit einem Kleinkind im Buggy drückt sich gerade noch vor dem heranrasenden SUV an die Hauswand.

Chaos in der Grazer Fußgängerzone: Rettungskräfte bei Opfern

Viele Menschen schlendern an diesem 20. Juni, einem Samstag, bei angenehmem Wetter durch die Fußgängerzone der steirischen Landeshauptstadt. Plötzlich, um 12:15 Uhr, bricht der Horror über Graz herein. Der 26-jährige Alen R. fährt am Steuer seines grünen Daewoo Rexton-Geländewagens Amok! Er rast über Gehsteige und fährt wahllos Menschen nieder. Nach der mehr als zwei Kilometer langen Wahnsinnsfahrt ist die Opferbilanz erschreckend: es gibt drei Tote und insgesamt 36 Verletzte.

Ermittlungen ergeben, dass der Verdächtige mit seinen Eltern, der Ehefrau und den beiden Kindern in einem Haus bei Graz wohnt. In den Wochen vor dem Drama war die zweifache Mutter nach mehreren Gewaltausbrüchen in ein Frauenhaus geflüchtet, der gebürtige Bosnier bekam zwischenzeitlich von der Polizei ein Betretungsverbot. Auch in der Heimatgemeinde galt der mutmaßliche Amokfahrer als Dorftyrann, Nachbarn beschreiben ihn als seltsamen Eigenbrötler. Bei der Einvernahme durch die Ermittler spricht er davon, sich verfolgt zu fühlen und redet wirr. In der Zelle wirft er mit Essen um sich.

Nicht nur die Steiermark, sondern ganz Österreich steht nach dem unfassbaren Drama unter Schockstarre. Bei einem stillen, eindrucksvollen Gedenkmarsch durch Graz trauert die Regierungsspitze mit Tausenden Bürgern. Was der tatsächliche Auslöser für den Irrsinn war, muss nun ein psychologisches Gutachten und schlussendlich der Gerichtsprozess klären.

Besucher-Rekord beim Inselfest: 3,3 Millionen Fans feiern Stars

Auch die 32. Auflage des Donauinselfestes in Wien, der größten Freiluftveranstaltung Europas, lockt die Fans wieder in Massen an. Mit 3,3 Millionen Besuchern gibt es einen Rekord für die Geschichtsbücher. Östereichische Stars wie Christina Stürmer, die Sängerinnen Natalia Imbruglia oder Anastacia sowie die britische Samtstimme Taio Cruz rocken die Bühnen auf der Insel. Auch rundherum gibt es – etwa beim „Krone"-Stand oder den auch „tierischen" Helfern in der Einsatzzentrale – genug zu sehen. Die Organisatoren können jedenfalls nach drei Tagen Festival zufrieden Bilanz ziehen: „Es ist fast schon kitschig", so Projektleiter Thomas Waldner, „die Stimmung war an allen drei Tagen unfassbar. Das Wetter hat gepasst, es war ausgesprochen friedlich."

Wechselt zu Vodafone

Ametsreiter geht als Telekom-Chef

Paukenschlag bei der Telekom Austria: Hannes Ametsreiter (48), seit 2009 Vorstandschef des Telekom-Austria-Konzerns, wirft das Handtuch. Der heimische Top-Manager wechselt zu Vodafone Deutschland. Sein Nachfolger wird der Mexikaner Alejandro Plater, Vertrauter des Milliardärs Carlos Slim bzw. Hauptaktionär America Movil.

***Abschied** von einem der größten, bedeutendsten Schauspieler des deutschen Sprachraums: Helmuth Lohner, Doyen des Burgtheaters und Regisseur („Der Zweifel ist bei mir eine Lebenseinstellung"), stirbt 82-jährige in Wien. „Er war ein Star ohne Allüren, ein feinsinniger, zurückhaltend höflicher, ja fast scheu wirkender Künstler, der alles kritisch hinterfragte", schreibt „Krone"-Kulturchef Dr. Karlheinz Roschitz in seinem Nachruf.*

Bei einer Bibelstunde:

Rassist tötet neun Gläubige in Kirche

Der weiße Rassist und Fan der südafrikanischen Apartheid, Dylan Roof, richtet in einer afroamerikanischen Kirche in Charleston im US-Staat South Carolina ein Blutbad an. Während einer Bibelstunde feuert der 21-Jährige wild um sich und erschießt neun Gläubige. Unter den Toten ist auch Reverend Clementa Pickney, eine Symbolfigur.

Neuer Anschlag in Tunesien ● 39 Tote bei Massaker in und vor Luxushotelanlage

Attentat auf Urlauberstrand!

Tunesien wird erneut von einem verheerenden Islamisten-Anschlag erschüttert. Nach dem Angriff auf das Nationalmuseum kommt es nun zu einem Massaker an einem Badestrand und in einem Luxushotel. Bis die Polizei den Attentäter erschießt, sterben 38 Urlauber im Kugelhagel seiner Maschinenpistole.

Wie ein Tourist schlendert der Tunesier Seifeddine Rezgui über den beliebten Badestrand in Port El-Kantaoui nahe der Stadt Sousse. Dann zieht der 24-Jährige plötzlich eine Kalaschnikow-Maschinenpistole, die er unter einem Sonnenschirm versteckt hat, hervor, und die Hölle bricht los.

Die meisten der Opfer – überwiegend britische Urlauber – sterben am Meer. Doch auch an der Poolanlage des beliebten Luxushotels, wo der Attentäter Handgranaten wirft, sterben Menschen. Erst nach 35 Minuten und insgesamt 38 Toten erschießt die alarmierte Polizei den Islamisten.

Am selben Tag kommt es auch in Fankreich zu einem Anschlag. Ein Mann tötet seinen Chef und spießt den abgetrennten Kopf, beschmiert mit arabischer Schrift, auf das Fabrikstor eines Gas-Unternehmens auf. Noch auf dem Fabriksgelände wird der 35-jährige Radikalisierte verhaftet.

Vor dem Massaker posiert der Tunesier ▶ mit Maschinenpistolen für ein Bekennerfoto. Schwer bewaffnete Polizisten bewachen den Strand nach dem Anschlag. ▼

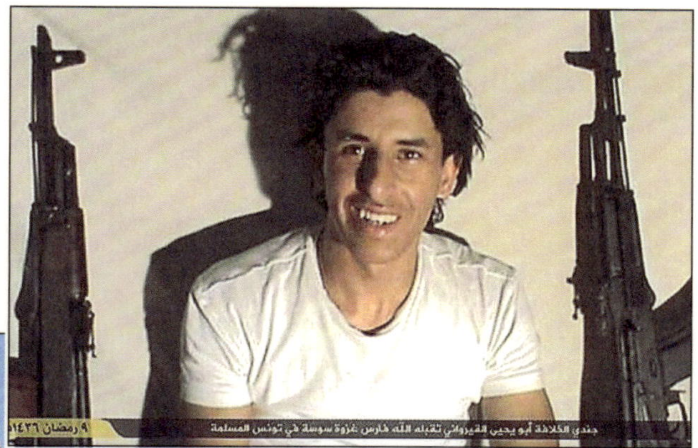

Können wieder miteinander lachen: Anna Fenninger und ihr Präsident Peter Schröcksnadel. ▼

Nach Mercedes-Werbung samt Eiszeit folgt doch Einigung:

Fenninger-Krach mit Skiverband

Anna Fenninger, eine der erfolgreichsten heimischen Wintersportlerinnen, und der Skiverband krachen nach einer Werbung für Mercedes, Gegner von Hauptsponsor Audi, zusammen. Schlussendlich gibt es doch eine Einigung und die Salzburgerin trennt sich vom Manager.

Die Eiszeit zwischen der hübschen 26-jährigen Halleinerin und dem Skiverband mit Präsident Peter Schröcksnadel an der Spitze ist heftig. Letztlich kommt es aber doch noch zu einer Einigung und Fenninger trennt sich von ihrem umstrittenen deutschen Manager. Ein Verlust des weiblichen Aushängeschildes hätte für den ÖSV den Aderlass noch weitaus schlimmer gemacht. Denn mit der 31-jährigen Nicole Hosp und Kathrin Zettel (29) treten binnen weniger Wochen zwei weitere Größen des hiesigen Skisports zurück.

Was dahinter steckt

ERNST TROST

Bilderbuchgipfel

Zum obligaten Familienfoto mussten sich die Gipfelstürmer drei Stunden früher als geplant in Reih und Glied postieren, weil eine Gewitterfront drohte. Und geblitzt und gedonnert hat es ja dann auch vor der imposanten Felskulisse wie in einem Ganghofer-Film. Und in der Nacht auf Sonntag goss der Himmel nassen Segen in Fülle auf die Almwiesen und drohte dabei auch, das Camp der Protestierer wegzuschwemmen.

Aber dann strahlte wieder die Sonne, und alle waren glücklich – denn am Ende haben sich die Sieben jedem Zweifler zum Trotz auf eine „Dekarbonisierung der Weltwirtschaft noch in diesem Jahrhundert" geeinigt. Die Erde dürfe sich nicht mehr als um zwei Grad Celsius erwärmen. Und dafür müssten wir uns von Kohle, Öl und Gas bis 2050 verabschieden. So verheißen es uns die Elmauer, und sie gelobten es auch, damit die Welt so sauber bliebe, wie sie die Bayern dieser Versammlung von mehr oder weniger Mächtigen so überzeugend vorführten.

Und die dürften die Berg- und Schlossidylle genossen haben – besonders Obama, wie er, allein mit Angela, bei Weißbier, Weißwurst, Blasmusik und bajuwarischer Lederhosen- und Dirndlgemütlichkeit für kurze Zeit all die politischen Nöte daheim und überall verdrängen konnte. Doch dann war sie wieder präsent, die böse Welt samt ihren Kriegen und Krisen. Im Schlussdokument finden sich wohl ein paar deutliche mahnende Worte, konkrete Lösungen hat sich ohnehin niemand erwartet . . .

Auf der Almwiese – Merkel und Obama weit weg von der ach so bösen Welt.

US-Präsident Obama gibt sich volksnah: „Ich muss gestehen, ich habe meine Lederhose vergessen."

US-Präsident als Star beim Treffen der großen Industrienationen

Merkels große Gipfel-Show mit Obama, Brezen und Weißbier . . .

Sattes Almgrün, Sonnenschein und Schäfchenwolken, Dirndln, Lederhosen und Alphörner, Brezen, Weißwurst und (alkoholfreies) Hefeweizen – perfekter hätte die deutsche Kanzlerin Merkel ihre G7-Gipfelshow mit US-Präsident Obama in Bayern gar nicht inszenieren können.

Einige tausend Gipfelgegner maschierten protestierend über die Alm

Die anderen Staats- und Regierungschefs aus Kanada, Frankreich, Großbritannien, Italien und Japan sind nur Staffage für den Merkel-Obama-Auftritt. Ärger über die NSA-Spionage-Affäre wird weggelächelt, Gemeinsamkeiten werden betont. „Die USA", so Merkel, „sind ein so wesentlicher Partner, dass wir eng kooperieren, weil wir es im gegenseitigen Interesse brauchen, weil wir es wollen und weil wir gemeinsame Werte teilen." Und Obama fügt hinzu: „Wir feiern heute eines der stärksten Bündnisse, das die Welt je gesehen hat. Ein Bündnis, das sich vor allem in einem einig ist: in der Ablehnung der Putin'schen Machtpolitik.

Pilot legt auf Badestrand perfekte Notlandung hin

Austro-Flieger setzt am Lido auf

Schrecksekunden auf dem Lido von Venedig. Am 7. Juni, einem sonnigen Sonntag, kracht ein österreichisches Kleinflugzeug direkt vor dem Hotel Excelsior auf den belebten Badestrand der Lagunenstadt. Der 46-jährige Pilot Christian Stonig aus Ernstbrunn (NÖ) legt trotz eines Motorschadens eine perfekte Notlandung hin. Der Meisterflugkapitän und seine Lebensgefährtin können unverletzt aus der Maschine aussteigen. Im „Krone"-Exklusivinterview verrät der Flugheld, dass er sich sofort per Telefon bei seinem Fluglehrer bedankt hat.

◄ *Das Flugzeug landet auf Venedigs Strand.* ▼

Als modernes Märchen *bezeichnet „Krone"-Redakteurin Karin Schnegdar die Hochzeit, über die ganz Schweden jubelt. Denn Prinz Carl Philip (35) heiratet Sofia Hellqvist, eine selbstbewusste Frau, die ursprünglich vom Land kommt und mit dieser Ehe den Aufstieg ins Königshaus schafft. Salopp formuliert: vom Unterwäsche-Model zur Prinzessin.*

Barcelona jubelt *– und zwar über den fünften Triumph in der Königsklasse. Stürmer Luis Suarez hebt den Pokal triumphierend hoch. Schließlich erzielt er beim 3:1-Sieg über Juventus Turin das vorentscheidende 2:1. Der „Beißer der WM 2014" ist somit Champions-League-Sieger . . .*

Häuptling „Winnetou" ist in den ewigen Jagdgrüden

Für drei Generationen war er „Winnetou". Am 6. Juni stirbt Pierre Brice, legendärer Darsteller des Häuptlings der Apachen, 86-jährig in einem Krankenhaus bei Paris. Der eigentlich als Pierre Louis Baron de Bris geborene französische Schauspieler war am Tag davor mit hohem Fieber ins Spital eingeliefert worden und in den Armen seiner deutschen Frau Hella den Folgen einer schweren Lungenentzündung erlegen.

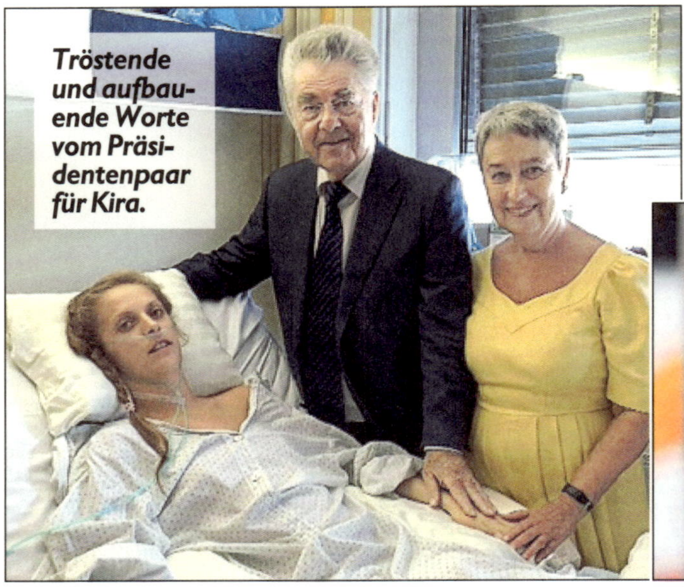

Tröstende und aufbauende Worte vom Präsidentenpaar für Kira.

Österreichs beste Stabhochspringerin (21)

Sportdrama: Kira

Die Tiroler Stabhochspringerin Kira Grünberg (21)

Schreckensdrama um Österreichs Leichtathletin des Jahres: Die Tirolerin Kira Grünberg zieht sich bei einem unglücklichen Sturz beim Stabhochsprung-Training in Innsbruck den Bruch eines Wirbels zu. Die Diagnose: Kira bleibt für immer gelähmt!

Das Unglück nimmt in der WUB-Mehrzweckhalle seinen Lauf. Kira bereitet sich auf die Leichtathletik-Gala in Linz vor. Der Rekord der jungen Stabhochspringerin

Tierisches Spektakel in den Lüften! *Ein rührendes Schauspiel fotografiert Kajakfahrer David Canales im US-Staat Alaska: Ein Weißkopfadler hat eine Möwe gegriffen und fliegt mit ihr davon, als eine zweite Möwe den Raubvogel attackiert, um ihrem Artgenossen zu helfen.*

Bewegende TV-Szene löst „Shitstorm" aus

Merkels Flüchtlingsdialog mit weinendem Mädchen

Zu einem der bewegendsten Momente im deutschen Fernsehen wird die Begegnung von Kanzlerin Merkel mit einem palästinensischen Flüchtlingskind. Dann aber lösen einige emotionslos wirkende Äußerungen einen Sturm der Entrüstung aus.

Im Zuge ihres Bürgerdialogs in Rostock redet Angela Merkel während einer TV-Show mit Reem (12), einem palästinensischen Flüchtlingskind aus dem Libanon. Das Mädchen, dessen Familie nur über ein vorläufiges Bleiberecht verfügt, fürchtet, abgeschoben zu werden und bricht in Tränen aus. Merkel versucht zu trösten. Die Kanzlerin streichelt Reem, antwortet dann aber mit einem Wulst bürokratischer Bestimmungen. Sie würde sich für ein gutes Ende einsetzen, „aber es werden auch manche wieder zurückkehren müssen." Ein Shitstorm prasselt im Internet auf Merkel ein.

Begegnung mit Reem: mögliche Trendwende in Merkels Politik?

Sportarzt stirbt an Wespenstich! *Salzburgs Mediziner weinen um ihren Kollegen Andreas Schnabl. Der beliebte Sportarzt wird Ende Juli bei einer Wanderung von einer Wespe gestochen und hat das dringend benötigte Allergiemittel fatalerweise aber daheim vergessen. Trotz der lebensbedrohenden Situation fährt der 50-jährige Mediziner noch mit letzter Kraft nach Hause und versucht, sich das rettende Medikament selbst zu verabreichen. Jedoch leider ohne Erfolg. Beim Eintreffen der Einsatzkräfte kann dem Arzt nicht mehr geholfen werden. Er ist bereits tot.*

zieht sich bei Unfall eine fatale Wirbelverletzung zu

nach Sturz gelähmt!

liegt bei 4,45 Meter – für die WM hätte es fünf Zentimeter mehr gebraucht.

Doch beim zweiten Sprung läuft etwas schief. Vor den Augen ihres Vaters Frithjof, Trainer der österreichischen Rekordhalterin, verliert Kira die Kontrolle und stürzt kopfüber in den Einstichkasten. „Ein Horrorsturz mit dramatischen Folgen. Schlagartig wird klar, dass das WM-Limit nun Kiras allergeringstes Problem sein wird", so die „Krone"-Reporter Georg Fraisl und Jochen Mülleder.

Ganz Österreich betet für Kira. Doch es geschieht kein Wunder. Die Diagnose ist niederschmetternd: Kira wird für immer vom Hals abwärts gelähmt bleiben! Trotz allem bleibt die bildhübsche Tirolerin nach außen hin relativ ruhig und sagt zuversichtlich: „Ich gebe nicht auf!"

Am Flughafen Wien-Schwechat werden 100 zusätzliche Mitarbeiter für die neuen Kontrollen eingestellt.

Sexy Sabine! *Nachdem sie 1991 als Programmansagerin beim ORF ihre Karriere startete, flog Sabine Petzl als Pilotin in der Serie „Medicopter 117" in die Herzen ihrer Zuseher. Heute steht die 49-jährige Schauspielerin aus Österreich als Kommissarin Saskia Berg vor der Kamera des ZDF – und vor den Objektiven des „Playboy".*

EU verschärft bisherige Anti-Terror-Vorkehrungen

Neue Sprengstoff-Kontrollen am Schwechater Flughafen

Sie sind lästig, aber notwendig, insbesondere in Zeiten, in denen islamistische Terroristen auch den Westen bedrohen: Sicherheitskontrollen auf den Flughäfen. Und so werden sie auch in Wien-Schwechat verschärft – mittels stichprobenartiger Sprengstoff-Kontrollen!

Sprengstoffkontrolle mit Teststreifen

„Krone"-Luftfahrtexperte Patrick Huber liefert dazu die Erklärung: „Schon jetzt wird das aufgegebene Gepäck mittels modernster Technik auf Sprengstoff untersucht, während die Passagiere selbst lediglich durch einen Metalldetektor gehen müssen." Um diese Sicherheitslücke zu schließen, hat die EU die Einführung von Passagier- und Handgepäckskontrollen auf Bestandteile von Explosivstoffen beschlossen. „Künftig wird unser speziell geschultes Personal stichprobenartig entsprechende Überprüfungen mit 78 Detektoren durchführen", so Franz Spitzer, Sicherheitschef auf Wiens Airport.

Sparbefehl beim Heer: 70 „Häuptlinge" weniger

Aus für 70 von 135 Generälen beim nur 15.700 Mann zählenden Bundesheer: Jeder zweite Generalsjob wird bis 2025 nicht mehr nachbesetzt. Dass dieser nötige Reformschritt vom Büro des Verteidigungsministers betont wird, scheint kein Zufall zu sein. Denn nur wenige Tage nach der „Entmachtung" von Generalstabschef Othmar Commenda (im Bild links von Klug) – er verliert das Sagen über Budget und Personal – betont das Ministerbüro im Gespräch mit „krone.at"-Chefredakteur Richard Schmitt die Notwendigkeit der Zäsur. „Mit der neuen Struktur führen wir zersplittete Kompetenzen zusammen", so Minister Gerald Klug.

Simbabwes beliebteste Raubkatze „Cecil" aus Nationalpark gelockt und getötet:

Arzt erlegt geschützten Löwen!

Löwe „Cecil" war der Besuchermagnet des Hwange-Nationalparks in Simbabwe. Seine Tötung durch den US-Zahnarzt James Palmer (55) löst einen weltweiten Sturm der Entrüstung aus. Denn Palmer hatte ein totes Tier an einen Jeep gebunden und „Cecil" so aus dem Park gelockt, wo er vor Großwildjägern geschützt war . . .

Palmer, der 45.000 $ für die Löwenjagd bezahlt hat, schießt mit Pfeil und Bogen, kann „Cecil" damit vorerst aber nicht erlegen. Erst 40 Stunden später entdeckt er den verwundeten Löwen, erschießt, köpft und häutet ihn. Dann versuchen Jagdkameraden vergebens, das von Forschern der Oxford-Universität mit einem GPS-Sender versehene Halsband des Löwen zu zerstören.

Sofort verlässt der Zahnarzt Simbabwe. Und als das afrikanische Land seine Auslieferung fordert, entschuldigt er sich mit einer Elfenbeinskulptur bei den Simbabwern: „Ich hatte keine Ahnung, dass der Löwe geschützt war." Via Internet wird Palmer als Löwenmörder an den Pranger gestellt.

Skurril: Kurz darauf postet Politikersohn Kurt Scheuch jr. mit einer Kalaschnikow in der Hand stolz hinter einem toten Leoparden . . .

US-Zahnarzt Walter Palmer (li.) und ein Berufsjäger vor „Cecil"

***Missgeschick** oder doch nur ein Publicity-Gag? Das wird nicht ganz klar, als Playmate Charlie Riina bei Werbeaufnahmen für einen Mineralwasserspot am Strand von Malibu, Kalifornien, ihr knappes Oberteil verliert. Die Schöne hält die Hand erschrocken vor ihre entblößte Brust und läuft aus dem Bild. Die Erklärung: Oben ohne ist im prüden Kalifornien nämlich strafbar . . .*

Salzburger Festspiele einmal mehr kultureller Höhepunkt

Hofmannsthals Jedermann ein „Gewitter des Gewissens“

Der Teufel ▶ gerät, wie Buhlschaft Brigitte Hobmeier und „Jedermann“, ins Schwitzen.

Das verflixte Sommerwetter macht auch vor Salzburg nicht halt. Am Tag brüllheiß, abends Gewitter. Deshalb wird die „Jedermann“-Premiere im Großen Festspielhaus angesetzt. Der Erfolg bleibt dennoch nicht aus – Riesenjubel!

„Waren die bisherigen ‚Jedermänner‘ gleichsam ‚Aristokraten‘, die Reichtum und Besitzstand aus ihrem Stolz rechtfertigen wollten und scheiterten, so ist Cornelius Obonya ein ‚Bauer des Vermögens‘, der sich nicht anders verhält“, so fasst Redakteur Hans Langwallner die geniale Inszenierung von Julian Crouch und Brian Mertes zusammen, „ein Gewitter des Gewissens“. Einmal mehr zeigt Hugo von Hofmannsthals „Jedermann“ ein allzeit gültiges Menschen- und Weltbild. Somit werden die Salzburger Festspiele erneut ihrem guten Ruf als das weltweit bedeutendste Festival der darstellenden Kunst und der klassischen Musik gerecht. Ein musikalischer Höhepunkt: Wolfgang Rihms Oper „Die Eroberung von Mexico“ in der Angela Denoke als Montezuma brilliert.

▲ *Festspielgäste: „Krone“- Herausgeber Christoph Dichand und Ehefrau Eva mit SPAR-Chef Gerhard Drexel und Ehefrau Andrea.*

Späte Friedenspfeife! *In der US-Bundeshauptstadt Washington weht ab 20. Juli erstmals seit einem halben Jahrhundert wieder die kubanische Flagge. Kubas Außenminister Parrilla nimmt die Eröffnung der Botschaft vor und ist dann beim Kollegen Kerry zu einem Treffen auf Regierungsebene geladen. Köstlich: Eine Karikatur der Freiheitsstatue, die Fidel Castro Feuer gibt.*

Krone-Chronik Juli 2015

- Der Radiotest für das erste Halbjahr bestätigt neuerlich KRONEHIT mit großem Abstand als klare Nr. 1 unter den Privatsendern und als zweitstärksten hinter dem ORF-Radio Ö3.
- KTM trauert nach einem Todessturz um seine Motocross-Hoffnung Davide Z. Das erst 16-jährige Zweiradtalent kommt in Vicenza (Oberitalien) bei einem Sturz vor den Augen seiner Eltern ums Leben.
- Energiewende: Frankreich, führendes EU-Atomland, will unter Präsident Hollande den Atomstrom deutlich reduzieren.

Verbot der Gentechnik nun in der Verfassung

Österreich bleibt das agrarische Öko-Musterland Europas: Als erster EU-Staat verankert die Alpenrepublik das Gentechnikverbot in der Verfassung! „Damit wird multinationalen Konzernen der Zugriff auf die Felder unserer Bauern unmöglich gemacht“, so Umweltminister Andrä Rupprechter. Der Erfolg basiert auf dem von der „Krone“ forcierten Gentech-Volksbegehren, das 1,2 Millionen Bürger unterzeichnet haben.

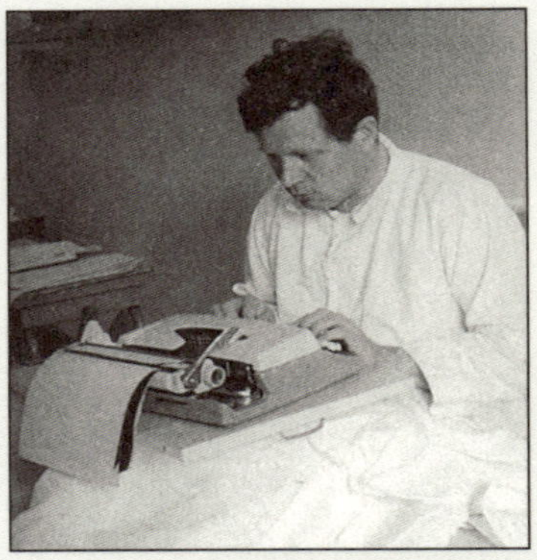

Blitzlichter aus Trosts Arbeitswelt: Im Sechstagekrieg schrieb er verwundet vom Krankenbett in Israel aus (ob.), Treffen mit Bürgermeister Zilk und Buchübergabe an Papst Johannes Paul II. (u.).

Der „Journalist aus Leidenschaft" stirbt im 83. Lebensjahr

„Krone" trauert um Ernst Trost

Er war Journalist aus Leidenschaft und ein Urgestein der großen „Krone"-Mannschaft. Am 24. Juli hört das Herz von Ernst Trost zu schlagen auf. Der Doyen unserer Redaktion stirbt im 83. Lebensjahr nach einem Schwimmunfall in den Armen seiner geliebten Ehefrau Uta.

„Sein großes Wissen und sein Erfahrungsschatz haben ihn zum wertvollen Kritiker gemacht, dessen mahnende Worte uns abgehen werden", so „Krone"-Herausgeber Christoph Dichand betroffen. Denn mehr als fünf Jahrzehnte blickte Trost mit seiner Kolumne „Was dahinter steckt" hinter die Kulissen der Weltpolitik. Der Autor und Journalist war langjähriger Weggefährte der „Krone"-Gründerlegende Hans Dichand. Unter anderem war Trost am 20. Juli 1969 auch live als Berichterstatter der Mondlandung von Apollo 11 im NASA-Zentrum in Houston dabei ...

Am wohlsten fühlte sich Trost im Kreise seiner Familie: v.l.n.r. Tochter Franziska, Ehefrau Uta und Tochter Katharina

Trauer

CHRISTIAN HAUENSTEIN

„Guten Morgen, Herr Trost ..."

Zurück aus dem Urlaub, war es mein erster Arbeitstag ohne den gewohnten Anruf in der Früh. Ohne den Anruf zwischen 10 und 11 Uhr, bei dem ich schon beim ersten Läuten wusste, wer es war. Ohne die vier immer gleichen Wörter zur Begrüßung: „Guten Morgen, Herr Trost."

Seit mehr als eineinhalb Jahrzehnten habe ich diesen Satz – von Urlaubszeiten abgesehen – jeden Tag gesagt. Oft habe ich diesen Satz schon vor mich hin gemurmelt, bevor ich überhaupt abgehoben hatte. Nur um dann abzuheben und ihn zu wiederholen: „Guten Morgen, Herr Trost." Und retour kam das immer gleich freundliche: „Guten Morgen, sind Sie im Dienst?"

Oft folgte nur ein kurzes Gespräch, in dem Ernst Trost mir mitteilte, was er an diesem Tag in seiner Kolumne „Was dahinter steckt" schreiben wollte. Oft haben wir auch darüber diskutiert, sind dann gegebenenfalls auf ein anderes Thema gekommen, das an dem Tag passender war. Oft haben wir auch einfach nur geplaudert.

An diesem Montag wäre wieder so ein Tag gewesen. Mein um 30 Jahre älterer Kollege hätte mich garantiert gefragt: „Und, wie war der Urlaub?" Und ich hätte ihm von der Eröffnung der Bregenzer Festspiele erzählt. Von „Turandot" auf der leicht verregneten Seebühne. Vermutlich hätte er mir dann gesagt, was er sich heuer in Salzburg ansehen möchte.

Als ich telefonisch vom tragischen Unfalltod meines von mir so geschätzten Kollegen erfahren habe, habe ich lange gebraucht, um mich zu fangen. Dann habe ich in einer Kirche in Bregenz ein Kerzerl für ihn angezündet.

Adieu, Herr Trost. Danke für so vieles.

Und: „Guten Morgen, Herr Trost."

Vielleicht in einem anderen Leben. In der Ewigkeit.

Krone-Chronik Juli 2015

- Späte Gerechtigkeit: der ehemalige SS-Mann Oskar Gröning (94) wird im wahrscheinlich letzten Ausschwitz-Prozess wegen Beihilfe zum Mord in 300.000 Fällen zu vier Jahren Haft verurteilt. Der ehemalige KZ-Buchhalter gab seine „moralische Mitschuld“ zu.
- Schaurig: Die Extremisten der Terror-Miliz Islamischer Staat (IS) beherrschen bereits eine Fläche, die jener von ganz Österreich, nämlich rund 83.000 Quadratkilometer, gleichkommt.
- Hinrichtung durch ein Erschießungskommando! So lautet das Urteil gegen Saif al-Islam Gadafi, den in Österreich bekanntesten Sohn des 2011 getöteten libyschen Ex-Diktators. Saif beruft gegen das Urteil und wird von Star-Anwältin Amal Clooney (37), Ehefrau des großen Hollywoodstars George Clooney, vertreten.

__Muskelspiel auf Hoher See!__ „Kreml-Zar“ Wladimir Putin ist voll in seinem Element, als er zum „Tag der Kriegsmarine“ in Kaliningrad, einer Enklave zwischen Polen und dem Baltikum – also jene EU-Staaten, sie sich aufgrund ihrer Geschichte vor dem russischen Bär fürchten – auf hoher See die Muskeln spielen lässt. Die „Starke-Mann-Politik“ kommt in Russland gut an.

Rentner hält den nächtlichen Heimkehrer (40) für Einbrecher und feuert auf ihn:

Irrtum: Vater schießt auf Sohn!

▲ *Als der Sohn zu Hause durchs Fenster einsteigen will, hält ihn sein völlig verängstigter Vater für einen Einbrecher und feuert zwei Mal auf ihn!*

Um Haaresbreite hätte ein Rentner aus Herzogenburg (NÖ) seinen eigenen Sohn mit zwei Kugeln getötet. Der Rentner hält den nächtlichen Heimkehrer, der seinen Hausschlüssel nicht finden kann und durchs Fenster einsteigen will, für einen Einbrecher – und feuert auf den Kopf seines Sohnes!

Eines der beiden Projektile streift den 40-Jährigen an der rechten Wange. Geistesgegenwärtig kommt eine Nachbarin, die die donnernden Revolverschüsse gehört hat, dem Verletzten zu Hilfe. Sie schlägt sofort Alarm und informiert Polizei sowie Rettung. Auch wenn es sich bei der Kopfverletzung lediglich um einen Streifschuss handelt, wird der betagte Vater wegen schwerer Körperverletzung von der Staatsanwaltschaft angezeigt.

Dass der Pensionist die Waffe völlig legal besaß, wussten auch einige Anrainer. Denn nach häufigen Einbrüchen in der Wohnsiedlung hatten sich gleich mehrere Herzogenburger zum Schutz mit Waffen eingedeckt . . .

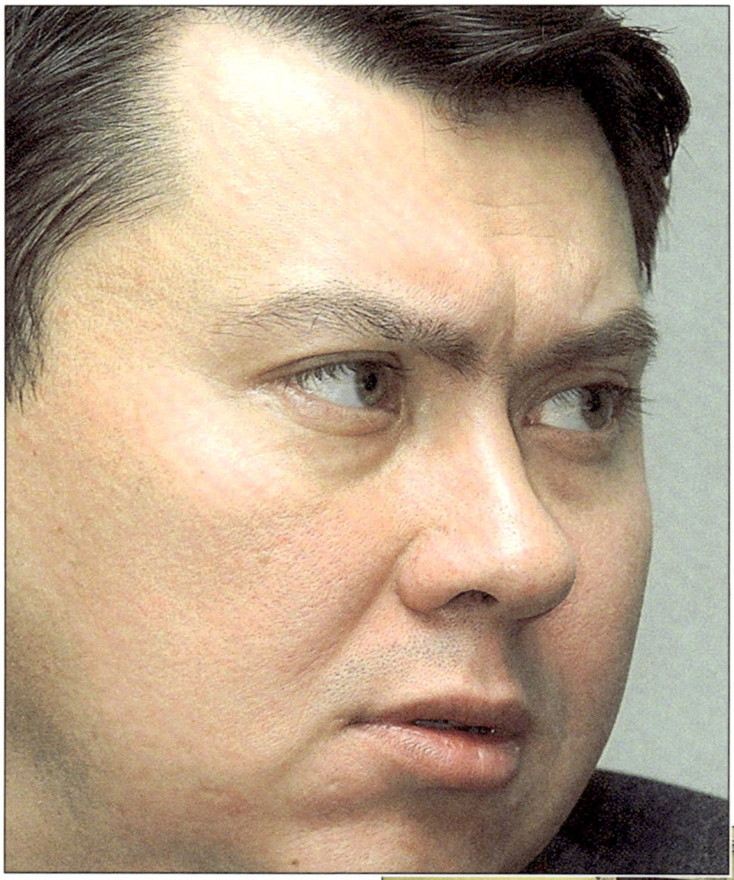

Ex-Botschafter wird erhängt gefunden

Mord-Prozess

Trotz des Freitodes des Hauptverdächtigen kasachischen Ex-Botschafters Rakhat Alijev in einer Gefängniszelle findet im Wiener Straflandesgericht ein spektakulärer Prozess um den Mord an zwei Bankern statt. Nach einem wochenlangen Verfahren werden die beiden verbliebenen Angeklagten freigesprochen.

Alijevs Tod überschattet den Prozess. Vadim Koshlyak (li.) und Älnur Mussajew (re.) werden freigesprochen. Unten: der Gerichtssaal gleicht einer Festung.

***Rad-Spektakel** auf der Wiener Ringstraße. Mit rund 60 km/h – also schneller als die Polizei eigentlich erlaubt – rasen die Stars der 67. Österreich-Rundfahrt beim Prolog im Mannschaftszeitfahren am Parlament vorbei. Gesamtsieger wird der Spanier Victor de la Parte vom Vorarlberger Continental-Team.*

Mutter erstickt ihren Sohn (5) mit Polster

Familiendrama in Wien-Favoriten: „Ich habe mein Kind getötet." – Mit diesen Worten läuft eine völlig verwirrte Frau auf der Höhenstraße Polizisten in die Arme. Als die Beamten in der Wohnung Nachschau halten, wird der schreckliche Verdacht Gewissheit: Die unter Depressionen leidende 25-Jährige hat ihren fünfjährigen Sohn mit einem Polster erstickt.

Freispruch für verbliebene Angeklagte

trotz Tod in Zelle

Die beiden Nurbank-Manager waren in Kasachstan entführt, gefoltert und getötet worden. Als Hauptverdächtiger gilt der beim allmächtigen Diktator Nursultan Nasarbajew in Ungnade gefallene Ex-Schwiegersohn Rakhat Alijev. Nach jahrelangen Ermittlungen wird der frühere Botschafter in Wien bei der Ankunft auf dem Flughafen schließlich verhaftet und angeklagt.

Doch bevor ihm der Prozess gemacht werden kann, wird der 52-Jährige – vollgepumpt mit Medikamenten wie Anti-Depressiva – erhängt in seiner Zelle in der Justizanstalt gefunden. Der mysteriöse Fall wird penibel untersucht, schließlich geht man von einem Freitod aus.

Trotzdem wird den beiden anderen Verdächtigen Alnur Mussajew, ehemaliger Chef des kasachischen Geheimdienstes KNB, und Vadim Koshlyak – früherer Sicherheitsberater Alijevs – der Prozess gemacht. Vor Gericht liefern sich beide Anwaltsseiten eine Schlammschlacht. Auch brisante E-Mails tauchen auf. „Am Ende gibt es einstimmige Freisprüche vom Doppelmord-Vorwurf", so die „Krone"-Gerichtsexperten Peter Grotter und Gabriela Gödel.

Krone-Chronik Juli 2015

- Ein Alligator tötet im US-Staat Texas einen 28-Jährigen. Der Mann war trotz Warnschildern in einem Wasserarm am Rande der Stadt Orange am Golf von Mexiko nachts schwimmen gegangen.
- Der tränenreiche Appell um Vergebung und Gnade stößt beim Richter im amerikanischen Florida auf taube Ohren. Ex-Englischlehrerin Jennifer Fichter (29) muss für 22 Jahre hinter Gitter, weil sie in ihrem Kleinlastwagen Sex mit drei 17-jährigen Schülern hatte.

Die schönste Frau im Land ist die 22-jährige Annika Grill. Bei der Wahl zur „Miss Austria" im Casino Baden setzt sich die junge dunkelhaarige Gmundnerin gegen die Konkurrenz durch. Nach der „abgelösten" Vorgängerin Julia Furdea (20) erhält also erneut eine Oberösterreicherin das Krönchen. Beauty-Silber geht an die 19-jährige Salzburgerin Selma Buljubasic.

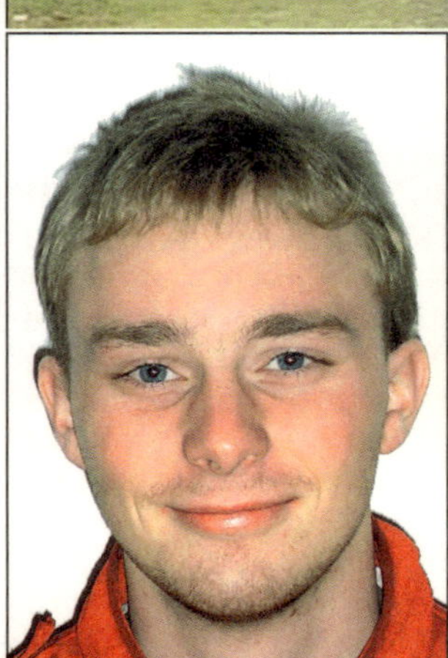

Das Rote Kreuz trauert. Sanitäter und Medizinstudent Robert Haas springt an dieser Stelle in die Donau, um zwei Mädchen zu retten. Dann ertrinkt der Held selbst.

Wassermassen reißen jungen Helden in Tiefe:

Zwei Mädchen gerettet – dann in Donau ertrunken

Drama in den idyllischen Donau-Auen bei Stockerau (NÖ): Als zwei Mädchen in einem Seitenarm von einem Strudel in die Tiefe gerissen werden, hechtet ein Medizinstudent heldenhaft hinterher – doch nach der Rettung verlassen den Sanitäter die Kräfte und er ertrinkt!

Das weitläufige Augebiet gilt als Eldorado für Schwimmer. Auch zwei Schwestern kühlen sich an diesem heißen Sommertag in den Fluten ab. Doch binnen Sekunden wird aus dem Badespaß eine Tragödie. Die Mädchen geraten in einen Strudel! Rot-Kreuz-Sanitäter Robert Haas hört die Hilferufe und zögert keinen Moment. Der 23-Jährige springt selbstlos in die Fluten und bringt die Kinder aus dem Gefahrenbereich. Doch dann verlassen den Medizinstudenten selbst die Kräfte. Er wird von den gefährlichen Quer- und Unterströmungen in die Tiefe gezogen und ertrinkt.

Sexy Bilder im Kornfeld und mit landwirtschaftlichen Maschinen entstehen beim Fotoshooting für den neuen Jungbauernkalender. Trotz Hightech werden auch in Zukunft Muskelkraft und sinnliche Kurven auf den heimischen Höfen nicht fehlen. Genau das wollen die Produzenten des Kultkalenders „2.0" an den Mann bringen. Modern, lebendig, aktuell.

Tiroler kauften „Uschebti" auf einem Flohmarkt

Kunst-Krimi um Statue

Ein Pharaonen-Kunstkrimi beschäftigt die Tiroler Polizei. Ermittler finden in einer Innsbrucker Wohnung eine Statuette, die zwei Männer um zwei Millionen Euro verkaufen wollen. „Das ‚Uschebti' aus dem Grab des Hor-ir-aa hätte nicht außerhalb Ägyptens gebracht werden dürfen, denn es steht auf der roten Liste für Kulturgüter", so „Krone"-Redakteur Stefan Ruef. Die beiden Verdächtigen wollen die Statue um 100 Euro auf einem Flohmarkt gekauft haben.

Ambros-Show im Bundeskanzleramt. Der mittlerweile 63-jährige legendäre österreichische Liedermacher erhält das Große Ehrenzeichen für Verdienste um die Republik. Zu dem feierlichen Anlass nimmt „Wolferl" Ambros auch seine Zwillinge Sebastian und Rosalie mit. Am Ende stimmen die Gäste den Hit „Skifoan" an.

Nach jahrelangen Verhandlungen gibt

Atom-Deal der

Historischer Atom-Deal der Weltmächte mit Teherans Mullahs im Wiener Palais Coburg! Nach jahrelangen Verhandlungen erhalten die Waffeninspektoren der Vereinten Nationen Zugang zu den nuklearen Forschungseinrichtungen, im Gegenzug sollen die Wirtschaftssanktionen schrittweise aufgehoben werden.

Für US-Präsident Barack Obama ist es wohl der größte außenpolitische Sieg in seiner Amtszeit. Das historische Abkommen wird in Österreich fixiert. Auch der religiöse Führer Ali Khamenei gibt Irans Staatschef Hassan Rohani seinen Segen. Nach Bekanntwerden des Atom-Deals kommt es in der iranischen Hauptstadt Teheran zu Freudenskundgebungen vor allem junger Menschen. Sie hoffen auf ein Ende der Ausgrenzungspolitik.

Tatsächlich wollen die Weltmächte die wirtschaftlichen Sanktionen schrittweise aufheben. So wie für die Mullahs geht es auch für den Westen um gute Geschäfte mit dem ölreichen Staat. Spitzenpolitiker aus aller Herren Länder reisen in der Folge in den Iran. Für Erzfeind Israel ist die Einigung – so Premier Benjamin Netanjahu – freilich ein „historischer Fehler". Der Iran würde weiter an der Atombombe bauen können.

Kronen Zeitung UNABHÄNGIG

es eine Einigung ● Außenpolitischer Sieg für Obama ● Scharfe Kritik von Israel:

Weltmächte mit Irans Mullahs!

Irans Jugend geht nach dem Atom-Abkommen am runden Tisch der Weltmächte im Wiener Palais Coburg (großes Bild oben) spontan auf die Straßen der Hauptstadt Teheran. Mit Hupkonzerten und Freudentänzen wird die historische Einigung und damit die Hoffnung auf ein Ende der scharfen Sanktionen gefeiert.

Thema des Tages

KURT SEINITZ

Gute Arbeit von Kurz & seinem Team

13 Jahre Nervenkrieg Irans mit der Welt und nun, nach 17 Tagen „Konklave" in dem Konferenzhotel, der krönende Abschluss in Wien: ein „Wiener Kongress" dieses Jahrhunderts.

Der Einsatz von Außenminister Kurz und seinem Team, die Atomverhandlungen der Weltmächte mit dem Iran hier in Wien zu haben, hat sich für Österreich in jeder Hinsicht gelohnt. Es hatte erst eines politischen Kraftakts bedurft, um die Schlussrunde nach Österreich zu holen. Anschließend hatte das Außenministerium für den vielfach gelobten Wohlfühlfaktor gesorgt. Das betraf besonders die endlos wartenden ausländischen Journalisten, die sich aus „Langeweile" anderen Themen aus Österreich widmeten. Sie haben unser Land wie selten zuvor in aller Welt bekannt gemacht. Eine Werbung, die unbezahlbar ist . . .

kurt.seinitz@kronenzeitung.at

Salzburgerin befreite einst Kollegen – jetzt starb Retterin selbst durch Steinschlag:

Drama um Höhlenforscherin!

Drama um die Salzburger Höhlenforscherin Sabine Zimmerebner! Im Juni 2014 hatte sie mit Kollegen unter Einsatz ihres Lebens einen verunglückten Forscher aus der bayerischen Riesending-Schachthöhle 1000 Meter unter der Erde geborgen. Jetzt starb die Retterin in einer unerforschten Höhle selbst durch Steinschlag.

Die 45-Jährige ist am Salzburger Untersberg in mehr als 60 Metern Tiefe unterwegs. Plötzlich wird sie von einem herabfallenden Stein getroffen. Ihre drei Kameraden schlagen Alarm, sofort seilen sich ein Notarzt und andere Bergretter zur Bewusstlosen ab.

Die Helfer erleben im Dunkel des sogenannten Horrorschachtes eine böse Überraschung. „Denn sie erkennen ihre erfahrene Kollegin Sabine Zimmerebner. Die Hilfe kommt aber zu spät", beschreiben die „Krone"-Redakteure Matthias Lassnig und Iris Wind.

Die Mutter einer Tochter war bei der spektakulären Rettung des Höhlenforschers Johann Westhauser mit dabei. Jetzt ereilt sie selbst das Schicksal.

▲ Sabine Zimmerebner rettete einst Johann Westhauser (kl. Bild li.) aus mehr als 1000 Metern Tiefe. Jetzt stirbt die Salzburger Höhlenforscherin selbst durch einen Steinschlag am Untersberg.

Krone-Chronik Juli 2015

- Hypo-Frieden mit den Bayern! Finanzminister Hans Jörg Schelling und sein deutscher Kollege Markus Söder haben sich auf einen Generalvergleich über 1,23 Milliarden Euro geeinigt.
- Britische Astronomen entdecken ein erwachendes Schwarzes Loch im All. Es befindet sich im Sternbild Fische, etwa 42 Millionen Lichtjahre entfernt von der Erde, und hat eine geschätzte Masse von 20 Millionen Sonnen.
- Autoverkäufer ausgebremst: die Pkw-Neuanmeldungen in Österreich sind im ersten Halbjahr erneut um drei Prozent auf 161.633 gesunken. Für das Gesamtjahr rechnen Branchenexperten mit dem vierten Marktrückgang in Folge.

„Doktor Schiwago" Omar Sharif ist tot

Trauer um Schauspieler Omar Sharif. Er erliegt im Alter von 83 Jahren in einer Kairoer Klinik einem Herzinfarkt. Die Rolle als Herzensbrecher Jurij im Kultfilm „Doktor Schiwago" bescherte ihm Weltruhm. In „Lawrence von Arabien" spielte er einen Scheich an der Seite von Peter O'Toole. Für diese Rolle bekam der Frauenschwarm den Golden Globe.

Saudi-Prinz spendet gesamtes Vermögen

Bisher war der saudische Prinz Walid bin Talal eher für seinen ausschweifenden Lebenswandel bekannt – jetzt präsentiert sich der steinreiche 60-jährige Scheich plötzlich als großer Wohltäter. Er kündigt an, sein gesamtes Vermögen von 32 Milliarden US-Dollar an die Hilfsorganisation „Alwaleed Philantrophies" spenden zu wollen.

Russe bietet im Internet seinen Sohn zum Kauf an

Einem echten Rabenvater kommen russische Polizisten aus der Region Lipezk auf die Spur. Die Beamten sehen ein Inserat, in dem der 24-Jährige seinen dreijährigen Sohn für 1,5 Millionen Rubel (umgerechnet knapp 24.000 Euro) anbietet und geben sich als Kauf-Interessenten aus. Dem verhafteten Mann – er wollte sich mit dem Geld ein Haus kaufen – drohen bis zu zehn Jahren Haft.

Gefeuert, weil sie den Chef abweist: Millionenklage

Benjamin Wey, Chef der New York Global Group, muss seiner Ex-Assistentin Hanna Bouveng (25) 16,2 Millionen Euro Entschädigung zahlen. Der Grund: Der 43-jährige Banker zwang die junge Mitarbeiterin zu vier sexuellen Begegnungen und entließ sie dann, als sie nichts mehr mit ihm zu tun haben wollte. Der dreifache Familienvater bestreitet vehement, sie zum Sex gezwungen zu haben.

***Patriotisch** mit Fähnchen und in Stars-and-Stripes-Bikinis zeigen sich Schauspielerin Rumer Willis (Bildmitte) – älteste Tochter von Bruce Willis und Demi Moore – sowie Models anlässlich des US-Nationalfeiertages am 4. Juli. Ebenfalls im sexy Bikini tritt Olivia Jordan (re.) bei ihrer Wahl zur schönsten Frau Amerikas an.*

Der Tatort: Mit dieser Waffe soll Darius K. (kl. Bild) gemordet haben.

Wien: „Innere Stimme" befiehlt Doppelmord

Serienkiller haust 2 Tage neben späteren Opfern

Drogen, Raub, Einbrüche, Bluttaten – ein an Österreich ausgelieferter mutmaßlicher Serienkiller mit seinem Geständnis. So habe eine „innere Stimme" dem polnischen Berufskriminellen den Mord an einem Wiener Pensionistenehepaar befohlen.

Kriminell seit dem Kindesalter zieht der 29-jährige Verdächtige die letzten Jahre durch ganz Europa. Mit Raub, Überfällen – in Salzburg sticht er im März 2012 auf einen Geschäftsführer ein – und schließlich einem Mord in Göteborg im selben Jahr hinterlässt er eine Spur des Bösen. Schließlich kommt Darius K. nach Wien-Donaustadt. Zwei Tage haust er auf einem Nachbargrundstück, ehe er das Ehepaar Erna und Gerhard H. tötet.

Krone-Chronik August 2015

- Familiendrama am Tag der Delogierung: In einem Wiener Gemeindebau tötet eine 38-jährige, zweifache Mutter, ihre vierjährige Tochter Nicola mit einem Küchenmesser vor den Augen ihres 13-jährigen Sohnes. Die Polin wird verhaftet. Motiv der Wahnsinnstat: chronischer Geldmangel!
- Stolze 141 Millionen $ (umgerechnet 128 Millionen €) haben Hillary und Bill Clinton gemeinsam in den vergangenen Jahren verdient. Das geht aus ihren veröffentlichten Steuererklärungen hervor.
- Um sechs Uhr früh schläft ein Taxler mitten während der Fahrt in Oberlassing (Osttirol) ein und kracht gegen einen Baum. Glück im Unglück: Chauffeur und zwei Fahrgäste werden beim Crash nur leicht verletzt.
- Almdudler-Miteigentümer Thomas Klein darf sich freuen. Sein Wiener Traditionsbetrieb startet in Deutschland eine Vertriebspartnerschaft mit Getränkemulti Pfanner. So baut Almdudler den Absatz am größten Getränkemarkt Europas aus.

Marc Pirchers 22. CD ist leider zu gefährlich

„Leider zu gefährlich“, so hat der große Zillertaler Ausnahmemusiker Marc Pircher seine bereits 22. CD getauft. Er trifft damit bei seinen Fans wieder einmal voll ins Schwarze. Denn noch bevor das Album so richtig im Handel ist, hat es Gold-Status erreicht. Und so erobert der charmante 37-Jährige auch Platz eins der heimischen Albumcharts. „Ich bin überhaupt nicht gefährlich, nur das neue Album trägt diesen Titel. Es handelt von einer Frau, die mich erobern will. Aber ich habe gesagt: Nein, ich bin brav verheiratet“, scherzt Marc.

Wieder zwei Abgeordnete wechseln im Parlament zur VP:

Nachbaur flüchtet vor Stronach . . .

„Not very amused“ wirkt Frank Stronach, als er erfährt, dass ihn Kathrin Nachbaur, also jene Nationalratsabgeordnete, die er stets am meisten förderte, Richtung ÖVP verlässt.

Politischer Knalleffekt an einem heißen Sommerferientag: Mit Kathrin Nachbaur und Rouven Ertlschweiger sind weitere zwei Nationalratsabgeordnete des Teams Stronach zur ÖVP abgewandert. Eingefädelt hat den neuerlichen Coup ÖVP-Klubchef Lopatka, der sich stolz über die Verstärkung seiner Partei zeigt.

Nachdem bereits im Juni die beiden Team Stronach-Mandatare Marcus Franz und Georg Vetter in der ÖVP-Fraktion „Unterschlupf“ gefunden hatten, verfügt diese im Parlament nun über 51 Abgeordnete. Wobei die Stronach-Überläufer keine Parteimitglieder werden. Die SPÖ besitzt damit nur noch eine knappe parlamentarische Mehrheit von 52 Mandaten gegenüber der ÖVP mit 51. „Das Team Stronach wurde durch diesen von Klubchef Reinhard Lopatka eingefädelten neuerlichen Abgang auf 7 Abgeordnete reduziert. Durchaus möglich, dass diese Truppe bis zur Wahl 2018 zerbröselt“, so „Krone“-Politikexperte Peter Gnam.

Abschiedsbriefe von Kronprinz Rudolfs Geliebter lagen 90 Jahre in Banktresor

Sensationsfund: Marys Briefe!

Historischer Sensationsfund in der Wiener Schoellerbank: In einem Tresor werden die Abschiedsbriefe von Mary Vetsera aufgefunden. Vor 90 Jahren hat eine unbekannte Person die Mayerling-Dokumente hinterlegt. Nun sollen die Briefe auch der Öffentlichkeit zugänglich gemacht werden.

Somit hat Dr. Sylvia Linc, Rechtsabteilungsleiterin der Schoellerbank, das gefunden, wonach Historiker seit Jahrzehnten gesucht haben: die originalen Abschiedsbriefe Mary Vetseras, der blutjungen Geliebten des Kronprinzen Rudolf. Nach dem Jahrhundertfund beginnt die wissenschaftliche Aufarbeitung der Quellen. „Werden sie klären, was tatsächlich in der Nacht des 30. Jänner 1889 im Jagdschloss Mayerling geschah?“ Diese zentrale Frage begleitet die Forscher.

Dann die journalistische Sensation: Die Historikerin Dr. Martina Winkelhofer enthüllt im „Krone“-Geschichtsmagazin „Kriminalfall Mayerling“ alle Fakten sowie neu ausgewertete Dokumente zum mysteriösen Tod von Kronprinz Rudolf und Mary Vetsera.

+++

Liebe Mutter – Verzeih mir was ich gethan. Ich konnte der Liebe nicht wiederstehen. In Übereinstimmung mit Ihm will ich neben ihm im Friedhof von Alland begraben sein. Ich bin glücklicher im Tod als im Leben.

Deine Mary

Schloss Mayerling

Liebe Mutter –
Verzeih mir was ich
gethan. — Ich
konnte der Liebe
nicht wiederstehen.
In Übereinstimmung
mit Ihm will ich
neben Ihm im Fried

hof von Alland begra
ben sein. —
Ich bin glücklicher
im Tod als i
Leben. Dei
Mar

Sichtlich stolz präsentiert auch Dr. Johanna Rachinger (re.) als Generaldirektorin der Nationalbibliothek der „Krone“ weltexklusiv die berührenden Abschiedsbriefe von Mary Vetsera. ▶

Mechaniker rast nach Massaker mit 180 km/h gegen Lkw...

Eltern im Blut- & Drogenrausch mit 45 Messerstichen getötet!

Es war ein Massaker! Im Blut- und Drogenrausch ermordet ein 19-jähriger Kärntner in Klagenfurt Vater und Mutter mit 45 Messerstichen. Danach setzt sich der junge Mann in sein Auto, rast auf der Südautobahn gegen einen Lkw und wird dabei getötet. Somit bleibt das Motiv für den Elternmord für immer ungeklärt.

Bernhard P. richtet in der elterlichen Wohnung ein Blutbad an. Zuerst sticht er 28-mal auf Vater Alfred (50) ein, dann rammt er Mutter Barbara (40) die Klinge 17-mal in den Körper. „Die Eltern haben sich gewehrt und erlitten neben den Stichwunden massive Abwehrverletzungen", so Chefinspektor Reiter vom Landeskriminalamt im Interview mit Redakteur Hannes Wallner.

Laut Polizei stand der 19-Jährige zum Tatzeitpunkt unter Drogeneinfluss: „Er hat zeitweise Kokain konsumiert." Beim Aufprall des BMW gegen den Lkw bleibt die Tachonadel bei 180 Stundenkilometern stecken.

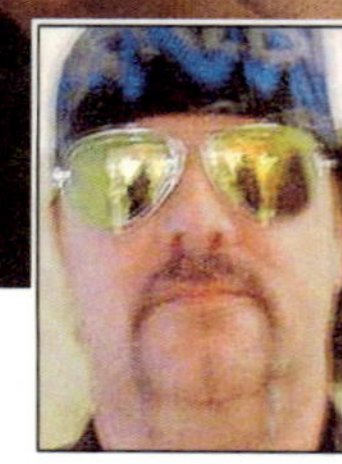

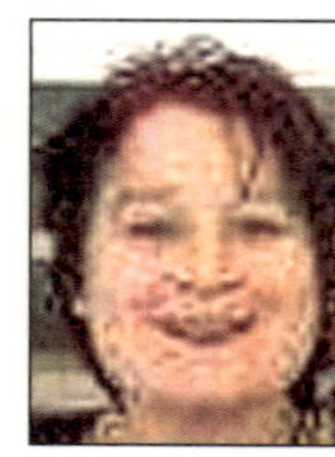

Nach dem Doppelmord setzt sich der 19-Jährige (Bd. ob.) hinter das Steuer eines BMW und rast ungebremst gegen einen Lkw. Ob es ein Unfall oder Selbstmord war, wird nie geklärt werden können. Vater Alfred P. (Mitte) und Mutter Barbara führten eine harmonische Ehe.

Schockierendes Propaganda-Video aus Syrien mit dem Wiener Hassprediger (29)

Austro-Islamist richtet Geisel hin

Hassprediger Mohamed M. (li.) setzte sich nach seiner Gefängnisstrafe in Wien nach Syrien ab und ist nun dort bei den Dschihadisten eine Art Propagandachef.

Mohamed M. lacht, schreit, schimpft auf alle Ungläubigen und schaut mit seiner Kalaschnikow in der Hand auf eine am Boden kniende, gefesselte Geisel. Dann drückt er den Abzug des Maschinengewehrs. Die Hinrichtung der Männer in Syrien wird in einer IS-Propaganda weltweit ausgestrahlt!

„Professioneller Bildschnitt, theatralische orientalische Musik und zwei schwer bewaffnete Anhänger des Islamischen Staates (IS) mit unheimlichen Propagandaparolen", so beschreibt Redakteurin Sandra Ramsauer den islamistischen Werbespot. In dem Kurzfilm, der die eiskalte menschenverachtende Erschießung der wehrlosen Geiseln zeigt, wird von der Dschihadistengruppe um den Wiener Hassprediger Mohamed M. zum Mord an allen „Kuffar" (Ungläubigen) aufgerufen: „Wir sind Leute Allahs, wir kämpfen in seinem Namen. Und wenn ihr nicht hierher kommen könnt, dann macht es zu Hause. Tötet sie dort, wo ihr sie findet!" Das Video endet mit „Allahu Akbar" als Kampfruf ...

Kronen Zeitung
UNABHÄNGIG

Österreichische Mitgründer kassieren die Hälfte

Adidas kauft Lauf-App von Studenten um 220 Mio. €

Um satte 220 Millionen € kauft Sportartikelriese Adidas den österreichischen Fitness-App-Entwickler Runtastic! Der Gründer und drei Freunde – sie entwarfen das Projekt als Studenten – kassieren die Hälfte.

Runtastic als Anbieter von Hard- und Software für Fitness und Gesundheit mit Sitz im oberösterreichischen Pasching ist schnell gewachsen. Geschäftsführer Florian Gschwandtner hatte 2009 mit drei Freunden eine Fitness-App entwickelt, die via GPS am Handy aufzeichnet, wie viele Kilometer der User in welcher Zeit läuft. 2013 kauft sich der Springer-Konzern bei Runtastic mit 50,1-Prozent-Anteil ein. Die Mitgesellschafter wurden Millionäre, und jetzt sind die drei auch noch Multimillionäre.

Florian Gschwandtner und drei Freunde entwickelten die tolle Lauf-App.

__Gelbe Engel radeln auch mit E-Bikes!__ Der ÖAMTC unter Präsident Werner Kraus und Direktor Oliver Schmerold zeigt bei der Betreuung seiner Klubmitglieder durchaus innovative und ökologische Ideen: Denn in Wien unterstützen nun elektrische Fahrräder die breitgefächerte Pannenflotte des Autofahrerklubs. In der Innenstadt treten die Gelben Engel auf ihren E-Bikes kräftig in die Pedale. Anfängliche Skeptiker können durch das rasche Vorankommen der ÖAMTC-Radler selbst im größten Stau und die gewonnene Flexibiliät auf zwei Rädern im Großstadtdschungel überzeugt werden.

Siegeszug des Smartphones

Bereits 86% aller Handybenutzer in Österreich besitzen ein Smartphone. Also ein Handy, mit dem man im Internet surfen, Apps abrufen, fotografieren, chatten etc. – und natürlich auch telefonieren kann. Die durchschnittliche Monatsrechnung beträgt 19,8 €. Und fast jeder vierte Österreicher benutzt mehr als ein Mobiltelefon.

__Sexy Jennifer thront über Hollywood.__ Mit erst 25 Jahren ist sie schon die bestbezahlte Schauspielerin der Welt: Laut dem renommierten Wirtschaftsmagazin „Forbes“ steht Jennifer Lawrence („Tribute von Panem“) dank 47 Millionen Euro Jahreseinkommen ganz oben auf der Bestverdiener-Liste. Auf den Plätzen folgen Scarlett Johansson und Melissa McCarthy.

Krone-Chronik August 2015

● In Österreich entbrennt eine heiße Schlacht um den lukrativen Paketmarkt: Die Deutsche Post steigt als Konkurrent für die Österreichische Post in den Ring, mit Investitionen in dreistelliger Millionenhöhe und einer Zentrale in Wien.

● Tapferkeitsmedaillen von Frankreich bekommen vier Helden nach einer Attacke in einem Schnellzug. Student Anthony Sadler, die US-Soldaten Alek Skarlatos und Spencer Stone sowie der Brite Chris Norman können den mit einer Maschinenpistole bewaffneten Islamisten überwältigen.

Einen kulinarischen Tiefflug *liefert unser Stratosphären-Springer Felix Baumgartner. Mit diesem Foto eines Grilltellerchens auf dem Rücken von Mihaela Rădulescu samt Facebook-Post „Darum liebe ich meine Freundin. Sie ist immer für mich da!" löst der Extremsportler einen Sturm der Entrüstung in sozialen Netzwerken aus.*

Rosa Viagra kommt für die Frauen

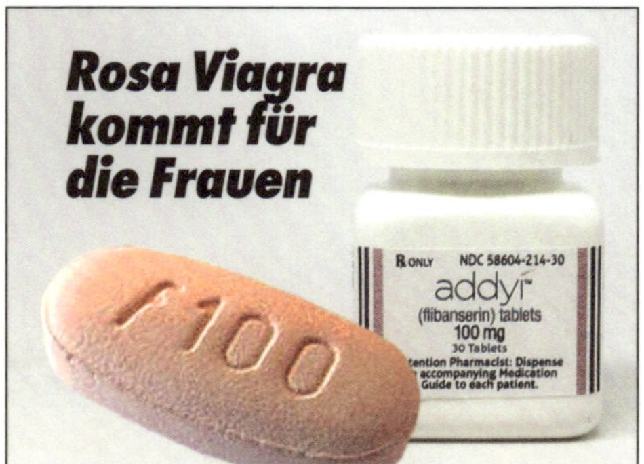

Jetzt kommt „Viagra für Frauen"! Die rosafarbene Pille wird erstmals auf dem US-Markt zugelassen. Sie soll – bei täglicher abendlicher Einnahme – die weibliche Libido steigern.

Verbrechen an 17-Jähriger schockiert Deutschland:

Millionärstochter entführt, getötet und verscharrt

Ein grausames Verbrechen schockiert Deutschland: Die 17-jährige Unternehmerstochter Anneli wird von ihren Entführern ermordet und nackt in einer Grube verscharrt.

Auf dieser Farm finden die deutschen Ermittler die Leiche der ermordeten 17-Jährigen (kleines Bild).

Beim Anruf mit dem Handy ihrer Geisel hört der Vater – ein wohlhabender Unternehmer aus Sachsen – im Hintergrund die verzweifelten Hilfeschreie seiner Tochter! Das sollte das letzte Lebenszeichen von Anneli sein. Nachdem die Forderungen nach einer Überweisung von 1,2 Millionen Euro per Internet immer absurder werden, befürchten die Ermittler das Schlimmste.

Schließlich wird die Leiche der erst 17-jährigen Anneli nackt und verscharrt auf einer Farm gefunden. Als Verdächtige klicken für einen 39-jährigen arbeitslosen Koch und einen Edelmetall-Händler (61) die Handschellen. Anneli musste sterben, weil sie die Gesichter der völlig dilettantisch vorgehenden Täter gesehen hatte – und die Männer Angst vor einer Identifizierung hatten.

Kronen Zeitung UNABHÄNGIG

Großteil wählte „Hacklerregelung“ ● Rechnungshof kritisiert Milliardenkosten:

Lehrer: 95 Prozent in Frühpension

Kaum ein Lehrer arbeitet bis zum regulären Pensionsalter.

So früh wie möglich Bleistift und Kreide für immer fallen zu lassen und ab in die Pension: Zwischen 2008 und 2013 gingen 95 Prozent der Landeslehrer in den vorzeitigen Ruhestand. Der Großteil nutzt die – eigentlich für Schwerarbeiter geschaffene – „Hacklerregelung“. Der Rechnungshof kritisiert Milliardenkosten.

Als Zuckerl vor der Nationalratswahl 2008 gedacht, wird der Beschluss der rot-schwarzen Regierung (mittlerweile wurden die Kriterien verschärft) zum Boomerang. Und zwar mit Mehrkosten von rund zwei Milliarden Euro. „Bis 2013 gingen insgesamt 72,9 Prozent der Landespädagogen, vor allem an Volks- und Hauptschulen – mit der Hacklerpension in den Ruhestand. Dazu kamen noch Korridorpension und Dienstunfähigkeit. Blieben unterm Strich gerade mal fünf Prozent, die regulär mit 65 Jahren aus dem Beruf ausgeschieden sind“, listet „Krone“-Politikredakteurin Doris Vettermann aus dem Rechnungshofbericht auf.

„Bolt-Blitz“ läuft auch in Peking allen davon

Der jamaikanische Sprint-Superstar Usain Bolt kann es noch immer. Obwohl ihn viele Verletzungen in diesem Jahr plagen und er kaum Rennen läuft, schlägt der „Bolt-Blitz“ bei der Weltmeisterschaft in Peking wieder zu. In einem dramatischen 100-Meter-Finale gewinnt er mit einer Hundertstel Sekunde vor seinem US-Gegner Justin Gatlin (33). Damit schreibt er kurz nach seinem 29. Geburtstag Sportgeschichte. Als Draufgabe gewinnt der Jahrhundertläufer auch das 200-Meter-Rennen – seine zehnte WM-Goldmedaille.

Nach Internet-Aufruf

Schwestern dank Facebook vereint

Schöne Geschichte aus den USA: Binnen weniger Tage hat eine adoptierte 17-Jährige aus Phoenix ihre leibliche Schwester gefunden. Katie Doak stellt ein Foto von sich mit einem Schild ins Internet, auf dem sie Facebook-Benützer um Hinweise bittet. Das Kuriose: Ihre Schwester Kelsey (19) hatte vor einem Jahr mit einem ähnlichen Aufruf im sozialen Netzwerk nach ihr gesucht – damals erfolglos. Jetzt sind die Mädchen wieder vereint. Wie sich herausstellt, haben die beiden weitere fünf Geschwister. Katie will sie nun alle treffen.

„Bungee-Oma“: 192 Meter von Brücke in Tiefe

Eine Bulgarin ist die ungekrönte Bungee-Königin von Tirol. Mit 84 Jahren springt Oma Penka Baleva von der 192 Meter hohen Europabrücke. „Ich bin an der Spitze meines Traumes angekommen“, so die rüstige Abenteurerin.

Täter filmt Bluttat mit ● Beide Opfer sind ehemalige Kollegen ● Rassismus als

TV-Mord vor laufender

In einer laufenden Sendung während eines Interviews erschießt der ehemalige TV-Reporter Vester Flanagan seine frühere Kollegin Alison Parker und Kameramann Adam Ward im US-Staat Virginia. Der Doppelmörder filmt seine Tat mit und richtet sich später selbst.

◄ Vester Flanagan filmt diese dramatischen Bilder (unten) des Mordanschlags auf seine frühere Kollegin Alison Parker mit einer Kamera selbst mit und postet alles kurz danach auf seinem Facebook-Profil im Internet.

Die Bluttat an den zwei Journalisten vor laufender Kamera sorgt im ganzen Land für Entsetzen. Die 24-jährige Journalistin und ihr Kameramann (29) werden während eines Interviews in einem Einkaufszentrum erschossen. Der Mörder ist ihr früherer Kollege Vester Flanagan. Kurz nach dem Doppelmord veröffentlicht er unter seinem früheren Moderatoren-Pseudonym „Bryce Williams“ selbst gefilmte Videos der Bluttat.

Dem 41-Jährigen war vom Fernsehsender WDBJ7

Gefälschte Scheine:

„Blüten"-Alarm bei Feuerwehrfest

„Blütenrekord" auf dem Falschgeldmarkt. Noch nie zuvor werden in Österreich so viele gefälschte Banknoten sichergestellt – allein heuer zieht die Nationalbank im ersten Halbjahr 9700 Falsifikate aus dem Verkehr. Die nachgemachten Scheine tauchten überall auf. So berichtet „Krone"-Redakteur Thomas H. Lauber von einem „Blüten"-Alarm beim Fest der Freiwilligen Feuerwehr im niederösterreichischen Simonsfeld, Bezirk Korneuburg: „Bei der Abrechnung finden die Florianis gleich sieben getürkte 50-Euro-Noten."

Nacktprotest von Burlesque-Künstlerin Wendy Night alias Michaela Wolf für „Alliance for Nature" gegen den Bau des umstrittenen Semmering-Basistunnels. Gleich zweimal zieht die bildhübsche Blondine dafür in der Natur blank. Denn Wendy findet, dass die vollständige historische Semmeringbahn und ihre geschützte Landschaft UNESCO-Welterbe sein sollten. Und nicht nur ein Teil davon. Sollte ihrem Wunsch nicht nachgekommen werden, droht sie, bis zum Äußersten zu gehen und sich wieder anzuziehen . . .

Motiv in Manifest:

Kamera

wegen seiner Wutausbrüche und seiner Unfähigkeit, im Team zu arbeiten, gekündigt worden. In einem 23-seitigen Manifest verrät Flanagan: „Ich bin ein menschliches Pulverfass, das nur darauf wartet, BUMM zu machen." Demnach sieht er sich als Opfer von Rassismus seiner späteren Opfer.

***Erstmals islamischen Segen** bei einer Soldaten-Angelobung erteilt Imam Abdulmedzid Sijamhodzic den Rekruten auf dem Rasen eines Wiener Fußballvereins. Der gebürtige Bosnier greift zum Mikrofon und predigt unter anderem: „Seid auf keinen Fall ungerecht und unterdrückt niemanden. Akzeptiert keine Ungerechtigkeit." In der Bundeshauptstadt ist schon jeder fünfte Grundwehrdiener ein Moslem.*

Der Berg ruft: Millionen für Salamander-Bahn

Praktisch kein Stein auf dem anderen geblieben ist auf der Strecke der Schneebergbahn. Seit 2011 wurde hoch am Berg – und auch zu Tale – viel gearbeitet. „Insgesamt wird in die Zukunft der beliebten Ausflugsbahn zehn Millionen Euro investiert", weiß „Krone"-Redakteur Lukas Lusetzky.

Hilferuf im Sand rettet Briten in Nationalpark

Eine selbst gewählte „Abkürzung" wird Geoff Keys in einem australischen Nationalpark zum Verhängnis. Zwei Tage lang irrt der 63-jährige Brite durch die Wildnis – bis die von ihm in den Sand geschriebene Botschaft „Help" die Rettungskräfte glücklicherweise doch noch auf seine Spur bringt.

In der aufgeheizten Luft entstehen auch heftige Gewitter.

Für die Wasserratten ist es ein perfekter Sommer. Der Sprung ins kühle Nass steht an der Tagesordnung.

Sahara-Luft bringt größte Anzahl heißer

Ein Sommer der

Dieser Sommer geht in die meteorologischen Geschichtsbücher ein! Mit den heißesten Nächten und den längsten Hitzeperioden in 248 Jahren Messungen sorgen der Juli und August laut privatem Wetterdienst UBIMET für Klima-Rekorde. Insgesamt behält jedoch der 2003er-Jahrhundertsommer seine Spitzenposition.

Bub (12) stolpert in Millionengemälde

Jedem passiert einmal ein Missgeschick, doch das Hoppala, das einem Schüler in einem Museum der taiwanesischen Hauptstadt Taipeh widerfahren ist, kommt teuer. Wie auf Aufnahmen der Überwachungskamera zu sehen ist, stolpert der 12-jährige Bub und reißt dabei ein faustgroßes Loch in ein 350 Jahre altes Gemälde. Schätzwert: 1,3 Millionen €.

***Ausnahmezustand** im beliebten österreichischen Urlaubsziel Thailand: Bei einem folgenschweren Bombenanschlag am Erawan-Schrein im Einkaufsviertel der thailändischen Hauptstadt gibt es 20 Tote und mehr als 100 Verletzte. Der seit acht Jahren in Bangkok lebende Tiroler Mark Pedvilla überlebt das Attentat knapp: „Ich sah den Feuerball aufsteigen."*

Drei Filmdiven für einen Online-Riesen: Obwohl alle schon ihren 70. Geburtstag hinter sich haben – oder gerade deshalb –, tritt das großartige Damen-Trio Senta Berger, Christiane Hörbiger und Hannelore Elsner (im Bild v. li. na. re.) als Werbeträger eines bekannten Internet-Versandhauses auf.

Tage und Tropennächte seit 248 Jahren:

Klima-Rekorde

Wasserratten, Freibäder, Eisverkäufer und Getränkehersteller strahlen diesen Sommer mit der Sonne um die Wette. Die Sahara-Luft bringt Rekord-Umsätze. Jene, die im Freien arbeiten müssen, stöhnen hingegen unter den Backofentemperaturen. Viele Baustellen sind ab Mittag verwaist, trotzdem sterben zwei Arbeiter auf tragische Weise am Hitzetod.

Verlierer sind neben der mit der außergewöhnlichen Trockenheit kämpfenden Landwirtschaft, die auf ihrer Herbstware lange sitzen bleibt, auch die Fischzüchter. Tausende Forellen, Huchen, Karpfen und Co. verenden in den aufgeheizten Gewässern an Sauerstoffmangel.

Statistiker können sich jedenfalls im Sommer austoben. Es gibt die größte Anzahl an heißen Tagen und Tropennächten (35 in Wiens Innenstadt) in 248 Jahren Wettermessung. „Stabiler Hochdruck und heiße Saharaluft haben das ganze Land wochenlang ins Schwitzen gebracht", analysiert „Krone"-Öko- und Klimaexperte Mark Perry die Lage kühl.

Die Landwirtschaft hat mit extremer Trockenheit zu kämpfen.

***ENDLOS** lange Beine – so erotisch ist Sharon Stone („Basic Instinct") auch noch mit 57 Jahren. Für das US-Magazin „Harper's Bazaar" lässt die Schauspielerin und dreifache Mutter die Hüllen fallen.*

Offen gesprochen

MANFRED SCHUMI

Abschied vom Baumax

„Großer Wert und kleiner Preis", so lautete über Jahre der Baumax-Slogan, den man aus der Werbung kennt. Er gilt auch für den Zustand der angeschlagenen Kette: Mit 65 Standorten in Österreich ist man Marktführer. Doch die Schulden, die das Unternehmen durch die zu optimistische Expansion nach Osteuropa angehäuft hat, lasten wie ein schwerer Klotz auf Baumax.

Die Banken müssen auf einen Gutteil ihrer offenen Forderungen verzichten, damit der gesunde Kern des Unternehmens überleben kann. Die Familie Essl sieht vom – geringen – Kaufpreis nichts, im Gegenteil. Sie musste durch den Verkauf von 60% an ihrer Kunstsammlung und von Immobilien einen dreistelligen Millionenbetrag ins Unternehmen einschießen.

Wenn das rote Baumax-Logo in einigen Monaten vom orangen Obi-Schriftzug überpinselt wird, dann sind 40 Jahre Baumax Geschichte. Damit setzt sich fort, was wir in den letzten Jahren bereits einige Male erlebten: dass österreichische Handelsunternehmen im globalen Wettbewerb zu kapitalschwach sind und entweder verschwinden (Niedermeyer, Dayli, Cosmos) oder verkauft werden (Leiner-Kika, Sport Eybl).

Dem Kunden ist es letztlich egal, wer hinter einem Unternehmen steht. Großer Wert und kleiner Preis sind ihm aber wichtig. Die wird es weiter geben, denn der Wettbewerb in der Branche (Hornbach, Bauhaus, Lagerhäuser usw.) wird wohl kaum geringer werden.

Obi will 49 Standorte im Land übernehmen

Verkauf von Baumax kostet Hunderte Jobs

Martin Essl, Aufsichtsratschef bei Baumax, erhält vom erzielten Verkaufspreis nichts.

Obwohl der Großteil der Baumax-Filialen von Konkurrenten übernommen wird, gehen rund 400 Jobs verloren. Denn Obi zeigt kein Interesse für die Baumax-Zentrale im niederösterreichischen Klosterneuburg und das Logistik-Zentrum in Wien-Hirschstetten. Anfangs ist offen, ob alle 65 Filialen in Österreich neue Eigentümer bekommen und somit weiterleben können.

Schließlich gilt es zu klären, ob von der Wettbewerbsbehörde grünes Licht für jene 49 Standorte gegeben wird, aus denen in Zukunft Obi-Märkte werden sollen. Entschieden ist bereits die Zukunft der 24 tschechischen Baumax-Märkte: Obi übernimmt dort fünf Standorte, die anderen 19 gehen an eine polnische Heimwerker-Gruppe.

„Rumänenclan" folterte Betagte:

Brutalobande quält Rentner zu Tode!

Sie prügelten mit Ästen, Knüppeln und Fäusten auf ihre hilflosen Opfer ein. Dank kriminalistischer Meisterleistung kann eine siebenköpfige, brutale Räuberbande dingfest gemacht werden.

„Monatelang zieht die ‚Frosch-Bande' – wie sich selbst verharmlosend nannte – eine Spur der Brutalität durch halb Europa", so Brigadier Franz Polzer, Chef des LKA-Niederösterreich. Seinen Raubermittlern unter Josef Deutsch gelingt es schließlich, einen siebenköpfigen, rumänischen Familienclan auszuforschen und den Verbrechern Handschellen anzulegen. Bei ihren Raubzügen prügelten die Männer eines ihrer Opfer in Bayern sogar zu Tode! Nach einem Überfall auf Martha P. in Puchberg am Schneeberg setzen die Fahnder der Brutalität ein Ende: Sieben Täter auf einen Streich verhaftet!

Ministerin Mikl-Leitner und Landespolizeidirektor Franz Prucher mit Überfallsopfer Martha P.

Zur Miley-Show entwickelt sich die MTV-Preisverleihung in Los Angeles. Dass Taylor Swift bei den diesjährigen Video Awards die besten Preise gewann, dürfte aber rasch in Vergessenheit geraten. Denn die mehr als exzentrische Moderatorin Miley Cyrus stiehlt der MTV-Siegerin bei der großen Gala mit viel Haut und provokantem Outfit die Show.

Queen Elizabeth II. seit 63 Jahren auf dem Thron

Ein Leben für die Krone

Die 89-jährige Queen Elizabeth II. stellt am 10. September einen neuen Rekord auf: Sie ist mit über 63 Jahren länger im Amt als Queen Victoria und somit die längstdienende Monarchin des britischen Königshauses.

„Heute feiern wir um 17.30 Uhr einen königlichen Rekord. Ihre Majestät die Queen wird die 23.226 Tage, 16 Stunden und 23 Minuten dauernde Regentschaft ihrer Ur-Ur-Großmutter Victoria überholt haben!", verkündet ein königlicher Ausrufer am 9. September. Ganz Großbritannien feiert: Schiffsprozession auf der Themse, Salutschüsse und Glockengeläut. Die Queen selbst gibt sich angesichts ihrer langjährigen, souveränen Regentschaft relativ bescheiden: „No fuss", nur kein Aufhebens!

Krone-Chronik September 2015

- Die Zahl der Studenten an Universitäten und Fachhochschulen ist um 2,2 Prozent im Vergleich zum Vorjahr gestiegen: 2015 gibt es exakt 375.911 Hochschüler.
- Noch nie machten so viele Österreicher Sommerurlaub in der Heimat wie heuer. Gemeinsam mit mehr ausländischen Gästen bescheren sie der Branche einen Nächtigungsrekord von 51,9 Millionen (plus 3,7%).
- 30 Jahre nach der Versenkung des Greenpeace-Schiffes „Rainbow Warrior" entschuldigt sich der Attentäter.

„Stadlshow" vor dem Aus

Schock für die Fans der Volksmusik. Die nach dem Abgang von Andy Borg (re.) kritisierte „Stadlshow" steht schon nach der ersten Sendung vermutlich wieder vorm Ende! Denn das deutsche Fernsehen will den Vertrag mit dem ORF zu Jahresende offenbar nicht verlängern. Zu Silvester könnte es Aus für Francine Jordi und Alexander Mazza heißen. Egal: Viele Stadlfans wollen Andy zurück!

Straßenschlacht in Kiew zwischen Demonstranten und Polizisten

Hunderte Verletzte bei Protesten in Ukraine:

Explosionen und Krawalle gegen Verfassungsreform

Nicht nur in der Ost-Ukraine herrscht Unruhe. Auch in der Hauptstadt Kiew kommt es immer wieder zu gewaltsamen Ausschreitungen. So wie beim Bürgerprotest gegen eine Verfassungsreform.

Mehr als hundert Verletzte fordern wilde Ausschreitungen Anfang September vor dem Parlament in Kiew, wo Tausende gegen ein neues Gesetz demonstrieren, das den von Separatisten besetzten Gebieten im Osten des Landes mehr Autonomie zusichern soll. Als in der Obersten Rada ein derartiges Verfassungsgesetz mit deutlicher Mehrheit beschlossen wird, kocht die Volksseele der Nationalisten über: Bei Straßenschlachten attackieren die wütenden Demonstranten die Sicherheitskräfte.

Bei Pilgerreise nach Mekka kommt es vor der

Massenpanik in

▲ Rettungsteams und Soldaten versorgen Hunderte Verletzte. Der Islam schreibt vor, dass jeder gesunde Muslim einmal die Haddsch, die Mekka-Wallfahrt, mitmacht. ▶

„Krone"-Kolumnist führt die Bestseller-Liste an

Es gehört schon einiges an Zivilcourage sowie scharfer Verstand dazu, die Systeme der Macht so treffend zu analysieren, wie dies Dr. Tassilo Wallentin – im Bild mit „Krone"-Kollegin Dr. Vera Russwurm – Woche für Woche in der „Krone bunt" gelingt. Sein aktuelles Buch „Offen gesagt 2" erklimmt deshalb auch rasch die Spitze der Bestseller-Liste.

Großer Papstauftritt im kleinen Auto

Da kommen die Amerikaner aus dem Staunen nicht heraus: US-Präsident Obama holt den Heiligen Vater ausnahmsweise persönlich vom Flughafen ab. Doch dann steigt der „Papst der Armen" nicht in die großen Staatskarossen, sondern in sein eigenes, kleines Dienstauto: ein Fiat 500 L mit der vatikanischen Staatsflagge. Im Konvoi durch Washington ist das Kirchenoberhaupt dann am weißen Arm zu erkennen, der aus dem Fenster des Kleinwagens winkt. Franziskus erobert die Amerikaner so im Sturm. Höhepunkt: seine große Rede in New York vor der UNO. Hier predigt der Heilige Vater die Grundwerte seines Pontifikats: Gerechtigkeit für die Ärmsten der Welt.

„Teufelssteinigung“ zu fatalem Andrang

Mina 1807 Tote

Bei einem Riesengedränge während der islamischen Wallfahrt „Haddsch“ kommt es im saudiarabischen Mina zu einer folgenschweren Massenpanik: 1.807 Pilger werden bei dem Drama zu Tode getrampelt und Hunderte Gläubige werden vor der „Teufelssteinigung“ verletzt.

Am dritten Tag der „Haddsch“ sollten die Gläubigen in Mina symbolisch den Teufel steinigen. Um das Sicherheitsrisiko für Tausende Pilger zu minimieren, gab es in den vergangenen Jahren eigens mehrere Baumaßnahmen. Trotzdem bricht am 24. September erneut Massenpanik ausUnzählige Gläubige werden im Gewirr zu Boden gestoßen und totgetrampelt. Während Saudi-Arabien von „nur“ 769 Toten spricht, ergibt eine Zählung der deutschen Presseagentur (dpa), dass mehr als doppelt so viele Menschen aus 28 Ländern – nämlich sogar 1807 – im Chaos ums Leben gekommen sind!

Nachdem bereits am Vortag 250 Menschen an einem Bahnhof im Gedränge Ohnmachts- und Schwächeanfälle erlitten hatten, liegt nun ein Schrecken über der Haddsch. Erinnerung an 1990, als 1426 Muslime in einem überfüllten Fußgängertunnel ums Leben kamen, werden wach. Insgesamt umrunden bei dieser Haddsch zwei Millionen Muslime die Kaaba in Mekka.

Heereshelden bei Taliban-Attacke

Bei einem blutigen Terroranschlag der Taliban auf die internationale Friedenstruppe im afghanischen Kabul töten die Gotteskrieger neun Menschen. Während dieser Attacke zeichnen sich drei Österreicher aus: Die Jagdkommando-Soldaten, die gerade als Stabsmitglieder ihren Auslandseinsatz am Hindukusch versehen, retten nicht weniger als 17 Kameraden das Leben!

__Skihase Lindsey__ ist auf den Hund gekommen. Wie „Krone“-Sportdabei-Lady Vera Lischka berichtet, hofft die US-Skirakete Lindsey Vonn, dass ihr das vierbeinige Adoptiv-Baby Leo als Partner mit der kalten Schnauze im Ski-Winter Glück bringt.

telemax

ROBERT LÖFFLER

Die Tiere, liebe Leute, werden immer menschenähnlicher empfunden. Wie weit das geht, dafür empfing letztens Ihr Tmx von einem deutschen Radiosender ein Signal:

Es war von einem Rudel Hunde die Rede, und die Sprecherin sagte: „Die Hündinnen und Hunde . . .“

Sie genderte die Köter.

☆

Ich erschrak, weil man davon ja ableiten kann, dass künftig das – von älteren Herrschaften ohnehin schon als lästig empfundene – Gendern unter Menschen nun auch bezüglich der Tierwelt Mode wird.

Wo es notwendig war, etwa in der Küche, wurde zwar schon bisher unterschieden: in den Bock, der böckelt, und in die Geiß, die nicht böckelt, in Hengst und Stute, in Henne und Hahn, es ging sogar bis zu den Milchnern und Rognern der Bücklinge.

Notfalls sagten die Tierfreunde „Weiberl“ und „Manderl“. Dies ist aber schon weitgehend abgeschafft, u. a. weil es vielen doch zu sehr nach dem politischen Vokabular des Volkstenors Andreas Gabalier klingt.

☆

Die Genderei könnte indes zur Gewohnheit führen, dass sie einem dort, wo sie nicht stattfindet, abzugehen beginnt.

Dass also dort, wo „Hündinnen“ nicht eigens angeführt werden, es auch Hündinnen nichts angeht und man glaubt, wo geschrieben steht, dass Hunde einen Beißkorb tragen müssen, Hündinnen keinen tragen müssen.

Liebe Leute, das könnte zu einer ziemlichen Beißerei führen, zum großen Verlust an Hosenböden und wozu es sonst noch führen kann, wenn dem Hundevieh des femininen Geschlechtes das Maul nicht zugebunden ist und es daher seiner Lust, ein wenig zu spielen, ungebremst folgen kann, meint

Ihr Telemax

robert.loeffler@kronenzeitung.at

Erneut fließen Milliarden der EU ● Hartes Sparprogramm für stolze Hellenen:

Griechisches Finanz-Drama

Griechenland als Fass ohne Boden! Das Finanzdrama im Schatten der Akropolis geht weiter. Wieder fließen Milliarden von den EU-Staaten und erneut kommt auf die stolzen Hellenen ein hartes Sparprogramm zu. Premier Alexis Tsipras stellt die Vertrauensfrage und lässt sich – gestärkt – als Regierungschef wiederwählen.

Das griechische Drama nimmt kein Ende. Nachdem Tsipras sein Volk über ein Sparprogramm abstimmen lässt bzw. selbst für ein „Oxi", also „Nein", für die Gläubigervorschläge wirbt, kommt es in Brüssel zu einer Marathonverhandlung mit den EU-Regierungschefs. An deren Ende schließlich Bankenschließungen und doch wieder bittere Zeiten auf die stolzen Hellenen zukommen: Privatisierungen, Einschnitte bei Pensionisten und höhere Steuern! Nach der „Nacht der langen Messer" tritt der umstrittene griechische Finanzminister Yannis Varoufakis zurück.

Weil im Parlament in Athen sein linkslinker Parteiflügel gegen die harten Reformen stimmt, ruft der Premier erneut zum Urnengang auf. Aus dieser Wahl geht Tsipras gestärkt hervor und bildet erneut ein Bündnis mit den Rechten.

Griechenlands Finanzminister am Boden: Rücktritt

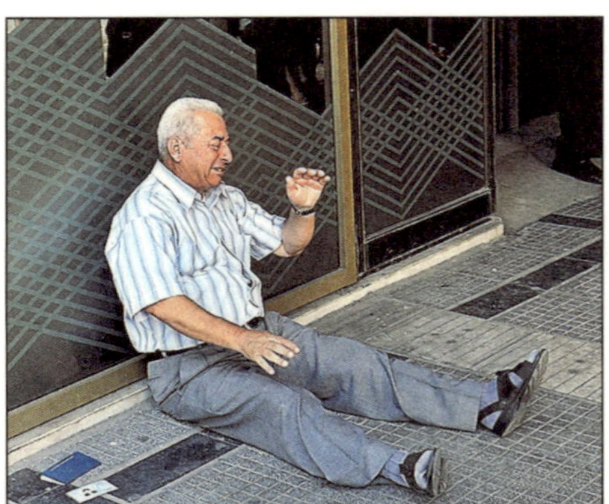

▲ Baustelle Griechenland: Tsipras lässt wählen, die Griechen demonstrieren (re.) gegen Reformen.
◄ Dieses Bild geht um die Welt: ein Rentner weint vor einer geschlossenen Bank.

Ausnahmezustand

Dienstag, 15. September 2015 / Nr. 19.898, €1,–

Wien Krone

Kronen Zeitung UNABHÄNGIG

www.krone.at

Wien 19, Muthgasse 2, ☎ 01/36 011-0

ABO-SERVICE: ☎ 05 7060-600

▶ Flüchtlingslager in Ungarn aufgelöst
▶ Österreich führt Grenzkontrollen ein
▶ Berufssoldaten sollen nun absichern

Foto: Markus Tschepp

Jetzt hat auch unser Land langsam seine Grenz… erreicht. Von Stunde zu Stunde … der Flüchtlinge in Öst… kenwa…

Völkerwanderung ist nicht aufzuhalten:

Noch Millionen auf Sprung in die EU!

Mittwoch, 2. September 2015 / Nr. 19.885, €1,–

Wien Krone

Kronen Zeitung UNABHÄNGIG

www.krone.at

Wien 19, Muthgasse 2, ☎ 01/36 011-0

ABO-SERVICE: ☎ 05 7060-600

8 SEITEN BILDBERICHTE

Ansturm auf Bahnhöfe reißt nicht ab

„Schluss mit der Ausgrenzung“

Ursula Stenzel, neue blaue Kämpferin, fordert im „Krone“-Interview Grenzkontrollen, schnellere Asylverfahren und ein Ende der FP-Ausgrenzung.

Foto: www.picturedesk.com/ H. Pfarrhofer/ APA

Foto: AFP Photo/Attila Kisbenedek

Es ist kein Bild aus Indien, sondern eines mitten aus Europa! Auf dem Budapester Bahnhof stranden derzeit Tausende Flüchtlinge auf ihrem Weg weiter nach Österreich und Deutschland. Der Massenansturm auf die Züge ist nicht aufzuhalten. Ein „Krone“-Lokalaugenschein auf dem Westbahnhof.

▶ Nach 71 toten Flüchtlingen Politik unter Druck
▶ EU-Milliardenhilfe für Afrikas Krisenstaaten
▶ Ungarn will Asylwerber fünf Jahre inhaftieren

8 Seiten Berichte im Blatt

Ein Drama, das Europa verändert

Sonntag, 30. August 2015 / Nr. 19.882, €1,–

Wien Krone

Kronen Zeitung UNABHÄNGIG

www.krone.at

Wien 19, Muthgasse 2, ☎ 01/36 011-0

ABO-SERVICE: ☎ 05 7060-600

Schlepper in Ketten vor den Haft…

Das kleine Paradies

Bereits zum 18. Mal wurde im Wiener Rathaus der Kleingarten-preis verliehen. Wer gewonnen hat – S. 30/31.

Das sind die Gesichter der feigen mutmaßlichen Todes-Schlepper von der Ostautobahn im Burgenland. Am Samstag wurden die vier gefassten Menschenhändler – für sie gilt die Unschuldsvermutung – in Ketten und „angeleint“ dem zuständigen Haftrichter in Ungarn vorgeführt (Lokales).

Austria siegt 1:0 – Heimpleite Rapids

Austria siegte in der Fußball-Bundesliga durch einen Elfer von Gorgon (Bild) bei Admira 1:0, Rapid erlitt hingegen beim 2:4 gegen Mattersburg eine Heimpleite. Weiters: Grödig – Ried 4:1.

Foto: Gerhard Gradwohl

Flüchtlingskrise hält auch unser Land in Atem …

Mehr als 200.000 Flüchtlinge kommen alleine im September über die Westbalkanroute via Serbien und Ungarn nach Österreich. Die Grenze zum Wunschziel Deutschland wird immer mehr zum Nadelöhr. Das Heer steht im „Asyl-Einsatz“.

Hunderttausende

- **Flüchtlinge überrennen Grenzen**
- **Deutschland für viele Wunschziel**
- **Österreich in Alarmbereitschaft**
- **Polizei und Helfer sind am Limit**

▲ *Ein Foto, wie man es sonst nur aus Indien kennt: Flüchtlinge drängen in einen Zug an der kroatisch-serbischen Grenze, der Richtung Österreich fährt.*

◄ *Lkw als Massengrab: In diesem hermetisch abgedichteten Kühllaster ersticken 71 Menschen. Dieses Foto klagt an.*

Militärpolizisten versuchen nahe Heiligenkreuz (Burgenland) für Ordnung zu sorgen. ►

stürmen Festung Europa!

▲ *Flüchtlinge suchen entlang des 175-Kilometer-Zauns von Ungarn zu Serbien eine Lücke. Dieser Bub wurde Opfer eines Tränengaseinsatzes an der griechisch-mazedonischen Grenze.*

Der grausame Bürgerkrieg samt IS-Terror in Syrien treibt Millionen Menschen in die Flucht. Die Festung Europa wird überrannt. Bis September kommt es in der Europäischen Union zu mehr als 500.000 illegalen Grenzübertritten. Neben den ersten Anlaufländern Italien und Griechenland stehen insbesondere Deutschland, Österreich und Schweden im Brennpunkt der Flüchtlingskrise. Hinzu kommt der Schock nach dem Todesdrama um 71 erstickte Menschen in einem Kühllaster auf der Ostautobahn. Während Ungarn an seiner EU-Außengrenze zu Serbien einen Zaun baut, winken wir die Massen zur „Kanzlerin der Herzen" Angela Merkel weiter. Das überfordert Deutschland immer mehr, und die Grenze wird zum Nadelöhr – die Folge: ein Rückstau. Polizei, Heer und Hilfsorganisationen sind durch den Dauereinsatz am Limit. Der Flüchtlingsstrom reißt nicht ab und beeinflusst die Wahlen in Oberösterreich und Wien.

▲ *Die Helfer sind am Limit. Da Bayern den Zugverkehr einstellt, wird der Salzburger Hauptbahnhof immer mehr zum Nadelöhr. Links: Soldaten des österreichischen Bundesheeres errichten an der Grenze ein Zeltlager.*

Landeshauptmann Pühringer stürzt um 10 Prozent ab – Freiheitliche verdoppelt:

ÖVP verliert, die FPÖ rückt näher

Verliert zweistellig an Stimmen: OÖ-Landeshauptmann Josef Pühringer.

Ist der große Gewinner dieser Wahl: FPÖ-Chef Manfred Haimbuchner

Die Wahlen in Oberösterreich setzten den Trend der Verluste für ÖVP und SPÖ fort. Landeshauptmann Josef Pühringer muss ein Minus von zehn Prozent hinnehmen, die Roten sinken unter die 20-Prozent-Marke. Strahlender Sieger die FPÖ – sie verdoppelt ihre Stimmen.

Im Gespräch mit dem neuen geschäftsführenden „Krone"-Chefredakteur Klaus Herrmann macht der schwarze Landeschef die Flüchtlingskrise als Grund für den Fall auf 36,4 Prozent aus: „Es gibt einfach Grenzen der Belastbarkeit, Grenzen der Menschlichkeit. Denn sonst geht bei den Österreichern der Deckel hoch." Die ohnehin in Oberösterreich schwächelnde SPÖ unter Reinhold Entholzer verliert noch einmal und sinkt auf ein Tief von 18,4 Prozent.

Die Grünen gewinnen leicht und rücken auf etwas mehr als zehn Prozent, die NEOS schaffen den Einzug in den Landtag – so wie in der Steiermark und dem Burgenland – nicht.

Strahlender Sieger dieser Wahl ist der Freiheitliche Spitzenkandidat Manfred Haimbuchner. Er kann mit 15 Prozent Plus die Stimmen auf mehr als 30 Prozent verdoppeln. Die Blauen rücken damit auf sechs Prozent den Schwarzen nahe. Zudem stellen sie den Bürgermeister in der Stadt Wels.

Eine ÖVP-FPÖ-Koalition zeichnet sich ab.

Prognosen-Schock für SPÖ-Spitzenkandidat Reinhold Entholzer

Fühlen sich beide als Sieger: Wiens SPÖ-Bürgermeister Michael Häupl und sein Herausforderer, FPÖ-Chef Heinz-Christian Strache

Vorausgesagtes Kopf-an-Kopf-Rennen in Wien ist klare Sache für Bürgermeister:

Häupl gewinnt Duell mit Strache

Das von Meinungsforschern vorhergesagte Kopf-an-Kopf-Rennen in Wien findet bei der Wahl nicht statt: SPÖ-Bürgermeister Michael Häupl hält FPÖ-Chef Heinz-Christian Strache mit neun Prozent Abstand klar auf Distanz. Trotzdem feiern die Freiheitlichen ein „historisches Ergebnis". Die ÖVP schlittert in ein Debakel.

Ganz Europa blickt auf Wien. Denn ein Sieg der Freiheitlichen wäre ein Signal für andere Rechtsparteien. Doch „Politfuchs" Häupl hält Strache auf Distanz. Zwar verliert die SPÖ fast fünf Prozent und sinkt unter 40 Prozent – aber obwohl die Freiheitlichen mit einem Plus von fünf auf über 30 Prozent steigen, bleibt der Abstand beachtlich.

Freuen kann sich die FPÖ aber über 34 Mandate – und die Sperrminorität bei Verfassungsgesetzen – sowie über den Sieg in Simmering. Jubel auch bei den NEOS, die ins Rathaus einziehen.

Lange Gesichter hingegen – trotz eines Triumphes neben Neubau auch in Währing – bei den Grünen. Noch schlimmer erwischt es die Schwarzen. Sie sind mit neun Prozent nur mehr eine Kleinpartei! Kleiner ÖVP-Trost laut „Krone Wien"-Ressortchef Michael Pommer: „In der City stellen sie nach dem Farbwechsel von Ursula Stenzel zu den Blauen mit Markus Figl, Großneffe des Nachkriegskanzlers, den Bezirkschef."

Küsschen: Maria Vassilakou bleibt trotz Rücktrittsankündigung bei Verlusten Grün-Chefin.

VP-Stadtchef Manfred Juraczka wird vom bisherigen Generalsekretär Gernot Blümel abgelöst.

„David“ Max Schrems aus Wien zwingt „Internet-Goliath“ juristisch in die Knie:

Datenrebell besiegt Facebook

Mit dem „Victory“-Zeichen zeigt sich der Datenrebell den internationalen Medien. ▼

Der Wiener Jurist und Datenrebell Max Schrems zwingt den Internet-Giganten Facebook in die Knie. Das Europäische Höchstgericht urteilt, dass in die USA gelieferte Daten nicht sicher sind. Das gibt der EU in weiteren Verhandlungen mit Amerika starken Aufwind. „David“ Schrems ist ein weltweit gefeierter Medienstar.

Der juristische Kampf „David gegen Goliath“ macht international Schlagzeilen. Im Mittelpunkt steht der 28-jährige Max Schrems, der das große Facebook vor Gericht zerrt. Die mehr als 60.000 Euro Kosten für die Klage finanziert sich der einstige Jus-Student mit Spenden.

Die Hartnäckigkeit im Tauziehen um Daten macht sich schließlich bezahlt. Der Europäische Gerichtshof erteilt der Sammelwut der USA eine juristische Ohrfeige. Auswirkungen gibt es auch für heimische Firmen. Sie müssen Verträge mit amerikanischen Unternehmen neu aufsetzen. Und die EU hat einen Trumpf bei den Verhandlungen zu einem neuen „Safe harbour“-Abkommen („sicherer Hafen“) in der Hand.

Max Schrems auf die Frage, ob er Facebook-Gründer Mark Zuckerberg kennenlernen will, cool: „Der ist nur ein Firmenchef, er ist mir so wurscht wie nur was.“

Mit Überraschungen:

Woche der Nobelpreise

Auch heuer wird die Bekanntgabe der Nobelpreise vom Kommitee in Stockholm (Schweden) wieder mit Spannung erwartet. Chemie: Paul L. Modrich, Tomas Lindahl und Aziz Sancar. Physik: Arthur McDonald, Takaaki Kajita. Medizin: Satoshi Ōmura, Tu Youyou und William C. Campell. Für Überraschung sorgt der Friedensnobelpreis an das vierköpfige tunesische Dialogforum und jener für Literatur an die Weißrussin Swetlana Alexijewitsch.

Anlage geschlossen:

Rettung für Wildpark

Seit drei Jahren ist der „Wildpark mit Herz“ in Enghagen (OÖ) für Besucher gesperrt, da nicht genehmigte Bauten abgerissen werden müssen. „Zahlreichen Tieren droht die ‚Nottötung‘“, so „Krone“-Redakteur Johann Haginger. Rettung kommt nun von „Vier Pfoten“: Die engagierten Tierschützer übernehmen eine 15 Jahre alte Braunbärin und deren zwei fünf Jahre alten Jungen. Auch für Wölfe und Affen gibt es eine neue Hoffnung.

Bei Streit um Welpen

Bub erschießt Mädchen (8)

Trauer und Fassungslosigkeit in White Pine im US-Staat Tennessee. Dort erschießt ein erst elf Jahre alter Bub mit dem Gewehr seines Vaters seine achtjährige Nachbarin Maykayla Dyer. „Seitdem wir hierher gezogen sind, hat er sie unter Druck gesetzt und gemobbt“, so ihre Mutter unter Tränen. Sein Motiv: Als Maykayla die Bitte des Schülers, einmal mit ihren Hundewelpen spielen zu dürfen, zurückweist, holt der Elfjährige wütend die Waffe und drückt ab.

Kronen Zeitung
UNABHÄNGIG

Oktoberfest & Wiener Wiesn

Österreichischer Promi-Aufmarsch auf dem Münchner Oktoberfest. „Antonia aus Tirol", unser Bayern-Starkicker David Alaba mit Freundin Katja Butylina und DJ Ötzi alias Gerry Friedle mit Ehefrau Sonja lassen sich das Bier schmecken. DJ Ötzi ist auch einer der Musikstars auf dem mittlerweile bereits fünften Wiener Wiesn-Fest beim Riesenrad im Prater. Mit mehr als 300.000 Gästen gibt es beim größten heimischen Brauchtums- und Volksmusikfest einen neuen Besucherrekord.

Annalena mit ihrer Diabetes-Therapie-Hündin.

„Fiona" schlug bei Über- und Unterzucker gleich Alarm:

Gemeiner Tierhasser vergiftet Therapie-Hündin von Kind (3)

Tierdrama im Burgenland: Ein offenbar gemeiner Tierhasser tötet die weiße Schäferhündin „Fiona" heimtückisch mit Rattengift. Die „Therapeutin auf vier Pfoten" ist Annalenas Ein und Alles. Das tapfere dreijährige Mädchen muss wegen einer schweren Diabetes-Erkrankung immer wieder ins Spital. „‚Fiona' kann Anzeichen von Über- und Unterzuckerung früh durch Schnüffeln und Körperkontakt erkennen. Gab es ein Anzeichen, schlug der Vierbeiner sofort an", so „Krone"-Redakteur Florian Hitz. Annalenas Mutter Karin W. (27): „Sie wurde für meine Tochter ein echter Schutzengel, der mit ihr durch dick und dünn ging und ihr half, stets neue Kraft zu schöpfen."

Die Tragödie bewegt die große „Krone"-Leserfamilie, eine Welle der Hilfsbereitschaft geht durch das Land. Maggie Entenfellner, Leiterin unserer Tierecke, findet in einem großen Futterkonzern einen edlen Sponsor. Annalena kann sich bald über einen neuen Therapie-Hund freuen.

Krone-Chronik Oktober 2015

- Gemeiner Trick mit Goldfonds: Für angebliche Gebühren und Anwaltskosten wegen der „Hinterlassenschaft" ihres verstorbenen Vaters überweist eine 73-jährige Oberösterreicherin einer Betrügerin 647.000 Euro. „Das Opfer muss Privatkonkurs anmelden", so „Krone"-Redakteur Johannes Nöbauer.
- Beim Nachtbaden im Meer des thailändischen Urlaubsparadieses Koh Samui wird eine 20-jährige Deutsche von einer hochgiftigen Würfelqualle berührt und stirbt.
- Nach den Kanaren und Katalonien wollen jetzt auch Mallorca und die anderen Balearen-Inseln den Stierkampf verbieten. Das traditionsreiche blutige Spektakel findet immer mehr Gegner.

Post von Jeannée

MICHAEL JEANNÉE

Lieber Volkswagen,

vorweg: Ich bin kein Autofreak. Mir isses wurscht, ob da ein Kratzer im Lack, eine Delle am hinteren Kotflügel, der Kofferraum verdreckt ist, völlig wurscht. Aber . . .

. . . als der Vater nach dem Krieg aus der Gefangenschaft heimkam und es galt, die Familie, also die Mama, die Brüder Günther (12), Jörg (10) und mich, den Michl (4), zu ernähren, da warst Du zur Stelle . . .

. . . für die Hamsterfahrten aufs Land, zu den Bauern.

Klapprig, verrostet, die Scheinwerfer blind, ein viertüriges Vorkriegsmodell mit Fetzendachl, bist Du in einer St. Gilgner Scheune gestanden, als Papa sich nach vier Jahren Russlandfeldzug zum ersten Mal wieder hinter Dein Steuer setzte.

Was soll ich lang herumreden: Du bist angesprungen. Und Vater sagte: „Eh klar, ein Volkswagen halt."

Na ja, und dann hast Du der Familie Jeannée geholfen zu überleben. Über Stock und Stein, bei jedem Wetter, bei eisiger Kälte oder staubiger Hitze – nie hast Du uns im Stich gelassen.

Dein Motor hat zwar gehustet, aber er hat niemals aufgehört zu husten. Und ist mit seiner kostbaren Fracht, Butter, Eier, Brot, Erdäpfel, Speck und Milch, kein einziges Mal liegen geblieben.

Ein Volkswagen halt.

Und daran muss ich denken, wenn ich jetzt in den Journalen all die hässlichen Geschichten über Dich lese. Von wegen AU-WEH, VW!

Für mich bist Du der Alte geblieben, wirst es immer bleiben.

Ein Volkswagen halt.

Software für Schadstoffausstoß bei

Volkswagen

Der neue VW-Chef Matthias Müller spricht vor 20.000 Beschäftigten von „harten Zeiten".

Volkwagen-Vorstandsvorsitzender Martin Winterkorn übernimmt für den weltweiten Abgasskandal die Verantwortung. und geht.

Homosexuellen-Beichte am Tag vor Familiensynode:

Outing von Vatikan-Priester

Der Zeitpunkt ist wohl nicht zufällig gewählt: Am Tag vor der Familiensynode schockt Vatikan-Theologe und Priester Krzysztof Olaf Charamsa den Heiligen Stuhl mit seiner Homosexuellen-Beichte in einer italienischen Zeitung. Dass sich ausgerechnet ein Mitarbeiter der Glaubenskongregation und Dozent an zwei päpstlichen Universitäten zu seinem Freund bekennt, bringt den Vatikan im Umgang mit Homosexuellen unter Zugzwang. Die erste Reaktion ist ein Rausschmiss aus allen kirchlichen Ämtern in Rom und wohl die Laisierung in seiner polnischen Heimatgemeinde.

Vatikan-Priester Charamsa & Freund Eduardo

Dieselmotoren manipuliert ● 11 Millionen Autos betroffen ● Winterkorn geht:

schockt mit Abgasskandal!

Diese Schockwelle ist in der mächtigen Automobilbranche zu spüren: Volkswagen steckt tief in einem in den USA aufgedeckten Abgasskandal. Die für den Schadstoffausstoß verantwortliche Computer-Software bei Dieselmotoren ist manipuliert. Millionen Autos sind betroffen, VW-Chef Martin Winterkorn geht.

Den Machtkampf mit Patriarch Ferdinand Piëch hat Martin Winterkorn noch gewonnen, doch der Abgasskandal beendet seine fast neunjährige Karriere als Vorstandsvorsitzender bei einem der größten Autobauer der Welt abrupt. Welch ein Zufall, fliegt doch alles ausgerechnet wenige Tage vor der geplanten Verlängerung seines Vertrages auf. Der VW-Chef versichert zwar, nichts gewusst zu haben, übernimmt aber trotzdem die Verantwortung – und geht. Neuer starker Mann an der Konzernspitze wird der bisherige Porsche-Chef Matthias Müller.

Von der Stickoxid-Lüge sind elf Millionen Autos weltweit, davon mehr als 360.000 in Österreich, betroffen. Auf den Volkswagen-Konzern kommt die bisher mit Abstand komplizierteste und kostspieligste Rückrufaktion der Geschichte für Dieselmotoren der Marke VW, Skoda, Audi und Seat zu. Geplanter Beginn: Herbst nächsten Jahres. Hinzu kommen noch Milliarden-Schadenersatzklagen. Die Aktie stürzt in der Folge auf ein Allzeittief.

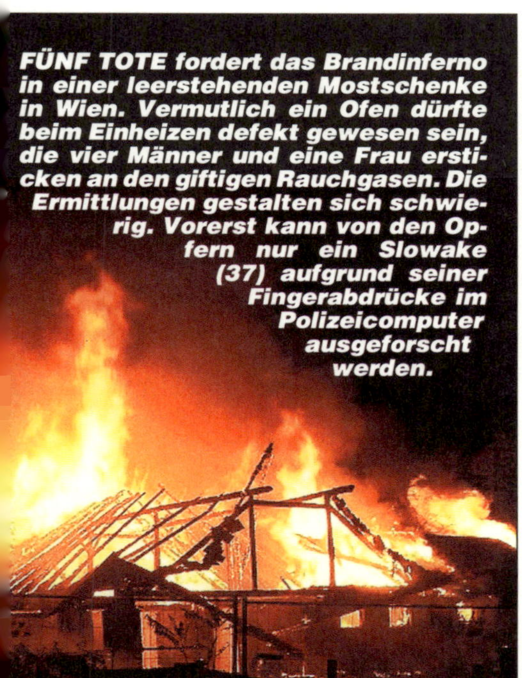

***FÜNF TOTE** fordert das Brandinferno in einer leerstehenden Mostschenke in Wien. Vermutlich ein Ofen dürfte beim Einheizen defekt gewesen sein, die vier Männer und eine Frau ersticken an den giftigen Rauchgasen. Die Ermittlungen gestalten sich schwierig. Vorerst kann von den Opfern nur ein Slowake (37) aufgrund seiner Fingerabdrücke im Polizeicomputer ausgeforscht werden.*

Die Sex-Vorwürfe *gegen den bekannten US-Komiker Bill Cosby (78) – die „Bill-Cosby-Show“ war eine der erfolgreichsten Sitcoms – nehmen kein Ende. Mehr und mehr Frauen wie die frühere Miss America Lisa Christie (Bild li.) brechen ihr Schweigen und berichten über teils jahrzehntelang zurückliegende Übergriffe unter Medikamenteneinfluss. Für den betagten Fernsehstar wird es immer enger.*

US-Amoklauf an College fordert 10 Todesopfer

Traurige Routine – wie es Präsident Barack Obama in seiner Trauerrede bitter ausdrückt – in Amerika: Bei einem Amoklauf am Umpqua Community College in der Kleinstadt Roseburg im US-Staat Oregon erschießt Chris Harper-Mercer zehn Menschen. Auf dem Foto werden gerade Studenten nach dem Blutbad auf Waffen durchsucht. Der 26-jährige Einzelgänger sucht sich hasserfüllt nur Christen als Opfer. Von der Polizei gestellt, nimmt er sich schließlich selbst das Leben.

***Die Casinos Austria** bleiben in heimischer Hand: Der Versuch zweier tschechischer Milliardäre, sich Einfluss beim Glücksspielkonzern zu sichern, wird juristisch abgeschmettert. Der Bund als Großaktionär will drohende Rechtsstreitigkeiten bei der Neuaufstellung der Eigentümerstruktur verhindern. Lachender Sieger beim Übernahme-Poker ist Novomatic-Boss Harald Neumann.*

Im „Krone"-Interview bricht Alen R. erstmals sein Schweigen

Die Beichte des Amoklenkers

Erstmals spricht Alen R. über seine grauenhafte Tat. Im Interview mit „Krone"-Reporterin Martina Prewein bricht der Grazer Amoklenker sein Schweigen: „Mehrere Männer waren hinter mir her, sie wollten mich ermorden, und sie schossen auf mich. Da gab ich Gas!" An die Wahnsinnsfahrt will er sich nicht erinnern können.

◄ Anwältin Liane Hirschbrich wird den Grazer Amoklenker Alen R. (26) vor Gericht verteidigen. ▼

Denn er sei erst wieder „aufgewacht", als er in der Schmiedgasse stand „und überall um mich herum Polizisten waren". Er wisse nichts von Hilfeschreien und dem Grauen. Seine Anwältin Liane Hirschbrich zum Gefühlszustand des 26-Jährigen: „Mein Mandant ist verzweifelt. Er würde sich nichts mehr wünschen, als die Tragödie ungeschehen machen zu können."

Für die Familien und Angehörigen der drei Opfer ist das freilich kein Trost. Drei Gerichtspsychiater sind nun dabei, die Seele des Verdächtigen penibel zu durchleuchten. Ersten Untersuchungsergebnissen zufolge soll Alen R. an keiner Geisteskrankheit leiden. Somit wird er seine Geschichten über Verfolgungswahnideen und Teil-Amnesie beim Prozess wohl schwer aufrechterhalten können.

„Zar" Putin schickt Kampfjets und Spezialkräfte nach Syrien:

Russen bomben für Assad

Der seit mehr als vier Jahren tobende Bürgerkrieg in Syrien wird noch blutiger: „Zar" Wladimir Putin eilt „Diktatorfreund" Baschar al-Assad in Syrien militärisch zu Hilfe. Russische Kampfjets bombardieren aber nicht nur IS-Kämpfer, sondern auch gemäßigte Rebellenstellungen.

Gemeinsam mit der Hisbollah, dem Iran und Spezialkräften der gefürchteten russischen „Spezna"-Truppe („Bluthunde des Kreml") folgt dann die große Bodenoffensive der syrischen Armee gegen die IS und gemäßigte Rebellen. Und am Himmel kreisen die von Moskau entsendeten Kampfjets. Ein Bombenhagel rund um Homs und andere Städte ist die Folge. Ungeachtet der Kritik aus dem Westen an Angriffen nicht nur gegen die islamistische Mörderbande lässt „Zar" Putin auch Raketen von Kriegsschiffen abschießen.

Offenbar soll durch das militärische Muskelspiel aus Moskau ein Sieg für Syriens umstrittenen Machthaber Assad erzwungen werden.

Handschlag unter Freunden: Putin schickt Syriens Machthaber Assad Kampfjets gegen Rebellen.

Ex-Soldat findet Liebe seines Lebens

„Ich konnte nach dem Krieg Trude, die ich in Stockerau (NÖ) kennengelernt habe, nicht vergessen und habe sie überall gesucht", so der heute 89-jährige Ex-Soldat Fritz B. aus Deutschland. 70 Jahre nachdem sie sich aus den Augen verloren hatten, gibt es nun dank „Krone"-Redakteur Erich Schönauer ein herzzerreißendes Wiedersehen mit der Steirerin. Der rüstige Senior danach aufgeregt: „Es war, als ob wir uns nie getrennt hätten. Alles war wie früher. Selbst der Kuss hat sich nicht verändert."

Krone-Chronik Oktober 2015

- 32,2 Prozent – von so einem Ergebnis darf ein Großteil der Politik längst nicht einmal mehr träumen. Erst recht eine Illusion ist es für so gut wie alle Zeitungen im Land, täglich ein Drittel der Österreicher zu erreichen – das schafft nur die Lieblingszeitung des Landes, die „Kronen Zeitung"!
- Mit Luftunterstützung gehen Feuerwehrleute in Oberösterreich auf Rinderjagd! „Weil sich sechs ausgebüxte Kälber nahe Schärding in einem Maisfeld verstecken, kommt die Drohne der städtischen Florianis zum Einsatz", so „Krone"-Redakteur Markus Schütz.

Naturfilm-Oskar für die Hummeln

Sichtlich stolz präsentiert Österreichs Star-Regisseur Kurt Mündl den „US-Jackson Hole"-Preis, also den „Naturfilm-Oskar". Er hat diese bereits achte internationale Trophäe für das ORF-„Hummel-Universum" erhalten.

Krone-Chronik Oktober 2015

- Der Abschlussbericht der niederländischen Ermittler bestätigt, dass der Passagierjet „MH17" mit 228 Menschen an Bord im Juli 2014 mit einer Rakete aus russischer Produktion über der Ukraine abgeschossen wurde.
- Bei einer kurdischen Friedensdemonstration in der türkischen Hauptstadt Ankara werden 97 Menschen getötet. IS-Terroristen bekennen sich zu dem blutigen Anschlag.
- Wegen der wachsenden Konkurrenz im Internet will das US-Männermagazin „Playboy" ab März 2016 keine Nacktfotos mehr zeigen – ein Werbegag?
- Helene Fischers Weihnachtskonzert wird in der Wiener Hofburg aufgezeichnet.

Agrarminister Rupprechter auf US-Mission in Sachen Innovation

Umweltkampf mit „Terminator"

„Action" heißt es in Sachen Klima für Österreichs Umweltminister Andrä Rupprechter bei seiner Arbeitsreise durch die USA. Ziel der „Terminator-Mission": Sondierung von Exportchancen und das Studium modernster Umwelt-Technologien.

„Krone bunt"-Chefin Edda Graf flankiert von den mächtigen Umwelt-Kämpfern ▼

„Mit unserer steirischen Eiche trifft der Tiroler eine umweltpolitische Größe. Schließlich machte Arnie in seiner Amtszeit von 2003 bis 2011 Kalifornien zum ‚Green State'", bringt „Krone bunt"-Chefin Edda Graf die Bedeutung des Austro-Gipfels in den USA auf den Punkt. Und nachdem Schwarzenegger Kalifornien zum Vorreiter beim Klimaschutz in Amerika gemacht hat, will Minister Rupprechter diesen Schwung auch zur UN-Weltklimakonferenz nach Paris mitnehmen.

Wunderteam schafft

Jaaaaa!

Frankreich, wir kommen!" Österreichs Nationalelf nutzt in Schweden den ersten Matchball (4:1) und qualifiziert sich somit zwei Runden vor Schluss für die Fußball-Europameisterschaft. „Krone"-Fußballexperte Peter Linden dazu: „Diese Mannschaft ist eine Sensation!"

Jaaaaaaaaaaaaaaaaaaaaaaaaa! Wir haben es geschafft! Danke Burschen! Danke, Marcel Koller! Danke ÖFB erstmals sportliche Qualifikation ● Ungeschlagen zur Fußball-Europameisterschaft

Das ÖFB-Team stürmt zur EURO

EURO-Qualifikationsgruppe G

1. Österreich	10	9	1	0	22	5	28
2. **Russland**	10	6	2	2	21	5	20
3. Schweden	10	5	3	2	15	9	18
4. Montenegro	10	3	2	5	10	13	11
5. Liechtenstein	10	1	2	7	2	26	5
6. Moldawien	10	0	2	8	4	16	2

◄ *Aleksandar Dragović, Marko Arnautović und David Alaba (v.l.) & Co. besiegen Liechtenstein im letzten Spiel 3:0. Danach wird im Happel-Stadion mit einer Mega-Party im Konfettiregen die EURO-Teilnahme gefeiert. Triumphator Teamchef Marcel Koller ist der umjubelte Star des Abends.* ▼

und alle Betreuer! Wir sind soooooo stolz auf euch!!!", derart überschwänglich feiert auch „Krone"-Fußball-Insider Peter Klöbl in seinem Jubelbericht aus Stockholm die Fußballsensation mit unserem Team mit.

Absolut zu Recht! Denn was die rot-weiß-rote Nationalelf bei ihren Qualifikationsspielen auf den grünen Rasen zaubert, kann wirklich nur mit Superlativen umschrieben werden. Teamchef Marcel Koller hat die Mannschaft zusammengeschweißt und die Fans des neuen Wunderteams in den 7. Fußballhimmel gehoben. Erfreulich: Die Nationalspieler lassen trotz fixer Qualifikation nicht nach, erzielen auch bei den beiden Oktoberpartien noch zwei Siege – und fahren somit ungeschlagen zur EURO nach Frankreich!

Der deutsche Ex-Weltmeister Sebastian Vettel kann dem britischen Dominator Lewis Hamilton im Silberpfeil mit seinem roten Ferrari als einziger Nicht-Mercedes-Fahrer Paroli bieten. ►

Britischer Formel-1-Star holt für die

Hamilton jubelt

Schon vier Rennen vor dem Formel-1-Saisonende fixiert Lewis Hamilton im russischen Sotschi mit seinem Sieg den Konstrukteur-Titel für das Mercedes-Team – und rollt mit einem dicken Punktevorsprung dem 3. Weltmeistertitel entgegen!

„Nichts zu verschenken!" *In seinem neuen Buch, das Formel-1-Experte, Pilot und Unternehmer Niki Lauda mit der „Krone"-Co-Autorin Conny Bischofberger verfasst hat, spricht Niki „Nazionale" erstmals über das Tabuthema Geld. Unter anderem verrät der Selfmade-Millionär, wie man reich werden kann. Schon in den ersten Tagen nach Erscheinen wird das Buch ein Bestseller!*

Polternde Bayern! *Horst Seehofer, Regierungschef des Freistaates, droht Mitte Oktober, „illegale Flüchtlinge" zurück nach Salzburg zu schicken. Da sich Österreich nicht an das Dublin-Abkommen halte, sei das ein „Notwehrakt". Kanzlerin Angela Merkel kann das anfangs zwar verhindern, doch dann einigen sich CDU & CSU auf Transitzonen an Bayerns Grenze.*

Jedermann in Salzburg

... ist klar: Wenn die Flüchtlingswelle noch Monate weiter rollt und zwischen Salzburg und Freilassing alles stockt, sind auch unsere humanitär bestens ausgebildeten und willigen Einsatzkräfte am Ende.

Unterwanderung

Jedermann weiß, dass nur ein europäischer Kraftakt Abhilfe schaffen kann. Dabei fragt sich jedermann, warum zur Besserung der Flüchtlingslager in den Herkunftsregionen gerade einmal zwei Milliarden € aufgebracht werden. Für das bodenlose Fass Griechenland aber 150 Mal so viel. Ist noch nicht jedem klar, dass Grexit oder ein Comeback der Drachme Europa weit weniger bedroht als eine Völkerwanderung, die uns letztlich unterwandert?

Silberpfeile den Weltmeister-Triumph:

über die Krönung

Mit seinem neunten Saisonsieg hat der britische WM-Führende seinen Vorsprung weiter ausgebaut. Gleichzeitig zieht der Sotschi-Gewinner mit diesem 42. Sieg sogar mit dem hinter ihm platzierten Sebastian Vettel in der Zahl der ersten Plätze gleich. In Anbetracht der Übermacht der Mercedes-Silberpfeile gibt sich der Deutsche diesmal mit dem Podiumplatz zufrieden.

Auch wenn er Rache für die verbliebenen Rennen schwört und Lewis seinen 3. Titel nach 2008 und 2014 noch wegschnappen will . . .

Indes sorgt das Motoren-Thema beim Red-Bull-Team für immer mehr Ärger. Da man nicht mehr hinterherfahren will, wird der Vertrag mit Renault per Jahresende gekündigt. Doch Mercedes oder Ferrari winken als mögliche Lieferanten ab. Deshalb ist sogar ein Ausstieg von Red Bull aus der Königsklasse ab nächstem Jahr im Gespräch.

◄ Hamilton holt für Mercedes die Konstrukteur-Krone und kämpft bis zum Schluss um den WM-Titel.

Mit drei Turniersiegen im Gepäck wird Österreichs Tennisstar Nr. 1, Dominik Thiem, bei seinem Antritt in Wien umjubelt. „Umso erfreulicher, da heuer in der Stadthalle erstmals ein Turnier mit 500er Status ausgetragen wird", so „Krone"-Tennis-Experte Peter Moizi.

Krone-Chronik Oktober 2015

- Am 3. Oktober sorgt ein Smartphone-Lichtermeer für beeindruckende Szenen am Wiener Heldenplatz. 150.000 Menschen sind zum großen Solidaritätskonzert „Voices for Refugees – für ein menschliches Europa" gekommen. Auch Bundespräsident Heinz Fischer hält eine bewegende Rede.
- Von der Hypo-Untersuchungskommission in die Hofburg? Irmgard Griss, ehemalige Präsidentin des Obersten Gerichtshofs, ist zur Kandidatur für das Bundespräsidentenamt bereit. Sie will allerdings für keine Partei antreten.
- Im Gefängnis Stein (NÖ) hat eine Gruppe von Mördern, Vergewaltigern und Räubern den Staat angeklagt, weil ihnen der Lärm des Sicherheitseisentors den Schlaf raube.

Polizei warnt vor Profi-Banden, die im Dunkeln anrücken:

Dämmerungseinbrecher auf Tour

Vorsicht vor Dämmerungseinbrechern! Diese bedenkliche Warnung gilt leider auch ab Herbst 2015! Denn wie die Auswertungen aktueller Fahndungen zeigen, bereiten sich die Ost-Banden bereits professionell auf „ihre Saison" vor. Späher werden ausgeschickt, um geeignete Objekte auszukundschaften.

Allein die Zahl aus dem Vorjahr gibt zu denken: gezählte 17.109 Mal haben die Einbrecher zugeschlagen. Wobei die Monate von Oktober bis März als Einbrecher-Hochsaison gelten. Und: Eingebrochen wird zumeist zwischen 16 und 21 Uhr. „Nur keine Scheu zeigen, die Polizei zu verständigen – besser einmal mehr als einmal zu wenig", rät auch Generalmajor Gerhard Lang, Strategie-Chef des Bundeskriminalamtes.

Enger internationaler Datenaustausch soll die Arbeit der Fahnder verbessern. Zudem will die Polizei Kriminelle mittels Schwerpunktkontrollen bremsen. „Ebenso wie die Situation in Niederösterreich ist auch die Lage im Burgenland angespannt. So ist der Forderung von Landeschef Hans Niessl nach 100 Beamten mehr für sein Land nichts hinzuzufügen", so Harold Pearson, „Krone"-Chef vom Dienst.

IM BRENNPUNKT

Dr. med. Wolfgang Exel

Wenn Menschen verachtet werden

Weltweit freut sich gewiss niemand über Asylanten. Aber es gibt sie. Und damit auch die Verpflichtung, sie wie Menschen zu behandeln. Hinsichtlich der Situation in unserem Land spricht Prim. Dr. Georg Psota, Präsident der Österreichischen Gesellschaft für Psychiatrie und Psychotherapie (ÖGPP), im Fachmedium „Ärztekrone" von menschenverachtendem Umgang. Der Mediziner:

„Jeder Tag, den Hilfesuchende, die vor Krieg, Verfolgung, Vergewaltigung, Hunger oder Ermordung geflohen sind, in heißen Zelten oder überhaupt ohne Dach über dem Kopf verbringen müssen, ist eine Schande für unsere Republik!"

Krieg und Flucht bedeuten eine extreme Form von Stress. Das Risiko für seelische und körperliche Erkrankungen ist enorm. Die ÖGPP fordert, endlich Maßnahmen zur Verminderung dieser für uns kaum vorstellbaren Belastung zu treffen. Dazu gehört neben Sicherheit vor Übergriffen auch die Erfüllung minimaler Bedürfnisse wie ausreichende Nahrung, Möglichkeit zur Körperhygiene, Schutz vor Witterung und wenigstens ein bisschen Privatsphäre.

Es sollte also rasch ein menschenwürdiges Umfeld geschaffen werden. Österreich würde damit lediglich seinen völkerrechtlichen Pflichten nachkommen. Angesichts des jämmerlichen Hickhacks zwischen mächtigen Landesfürsten (die in ihren Bereichen weitgehend versagt haben) und dem Bund ist eine Lösung aber wohl noch fern. Traurig.

Protest von GLOBAL und Greenpeace führt zum Einlenken

OMV stoppt Bohrprojekt

Nachdem sich Kroatien aufgrund von Probebohrungen entlang der Adriaküste bereits im Ölrausch befunden hatte, wollte auch die OMV auf der Erfolgswelle mitschwimmen. Nur dank internationaler Proteste unserer Umweltschützer ist der Austro-Konzern aus dem umstrittenen Ölprojekt vor unserer Haustür ausgestiegen.

Somit hat die fragwürdige Ölförderung einen kräftigen Dämpfer erlitten. Schließlich hatten die Aktivisten von GLOBAL 2000 und Greenpeace auch direkt in Kroatien heftigen Widerstand geleistet. Unterstützung erhielten die Umweltschützer von vielen Einheimischen. „Gegen den Willen der Bevölkerung darf nichts passieren. Denn viele Fischer und Touristiker fürchten um ihre Existenz", so die einhellige Meinung der Na-

Studie in 188 Ländern:

Wer älter wird, ist leider oft länger krank . . .

Wir verbringen immer mehr Lebenszeit in Krankheit! Das ist das wenig erfreuliche Ergebnis einer großen internationalen Studie mit österreichischer Beteiligung. Vor allem die auch in unserem Land bedeutsamsten Krankheiten Rückenschmerzen, Depressionen, Migräne, Folgen von Stürzen, Diabetes, die chronische Lungenkrankheit COPD sowie Schwerhörigkeit machen die späteren Lebensjahre zunehmend zum Problem.

Neben dem persönlichen Leid ist diese Entwicklung auch volkswirtschaftlich betrachtet katastrophal – die Kosten für Behandlung und Arbeitsausfall sind geradezu gigantisch! Die einzige Lösung heißt gut organisierte Vorbeugung, so die Experten. Die Prophylaxe wurde zwar in unserer Gesundheitsreform immer großartig angekündigt, konkret geschehen ist bisher jedoch leider noch nichts.

Endlich Tierrecht! *Dank des Kampfes unserer Tierlady Maggie Entenfellner und des Tierschützers Günter Pfurtscheller – im Bild bei der Übergabe der Unterschriften an Ministerin Doris Bures (2.v.r) – wird das Strafrechtsgesetz verschärft: Der Strafrahmen für Tierquälerei wird auf drei Jahre erhöht, die Möglichkeit einer Geldstrafe fällt weg!*

◄ *Architektonische Perle Kroatiens: die Hafenstadt Dubrovnik. Zehn Kilometer vor ihrer Küste sollte nach Öl gebohrt werden. Doch Öko-Proteste (Bd. li.) konnten das OMV-Projekt stoppen.*

der Österreicher:

in Adria

turbewahrer. Umso größer die Erleichterung, als der Ausstieg des Austro-Ölkonzerns bekannt wird. Schließlich war durch das Bohrprojekt ja auch das Urlauberparadies vor unserer Haustür unmittelbar bedroht.

Obwohl sich die OMV und ihr US-Partner „Marathon Oil" sieben Lizenzen für die Erkundung von Öl- und Gasvorkommen gesichert hatten, legen sie diese Bohrerlaubnisse schnell wieder zurück. Offiziell wird aber nicht der Öko-Protest, sondern die ungelöste Grenzfrage zwischen Kroatien und Montenegro als Ausstiegsgrund angeführt.

Hofübergabe in „Aiderbichl"

Immer ein Herz für andere, bis es aussetzte. Im Frühjahr reißt eine dramatische Notoperation Michael Aufhauser (63) aus der Bahn. Während sich Österreichs beliebtester Tierfreund zurück ins Leben kämpft, übernimmt Kompagnon Dieter Ehrengruber (38) die Agenden über die 26 Gnadenhöfe mit ihren 6000 Tieren. Mit dieser stillen Hofübergabe hält „Didi" die Zügel auf Aiderbichl fest in der Hand. „Allen Widrigkeiten – von Finanzvorwürfen bis zu absurden Vernaderungen – zum Trotz wird Aufhausers Herzensprojekt, ein barrierefreier Stall, eröffnet", so „Krone"-Redakteurin Katharina Messner.

Das elektronische Parkpickerl startet

Mit dem 1. November startet in Wien eine neue Parkpickerl-Ära. Denn dann wird die bisherige Klebeplakette durch eine elektronische Version ersetzt. Mittels eines digitalen Lesegerätes können die Parksheriffs künftig nachfragen, ob der Autohalter die Gebühr auch schon bezahlt hat. Probephase im 4. und 5. Bezirk!

Ausstellung jenseits aller bisherigen Klischees:

Wikie und die Wikinger erobern Schallaburg

„Die Wikinger faszinieren. Wenn wir an sie denken, tauchen Stimmungen und Bilder auf, die von Literatur und Kunst, von liebevoll gezeichnetem Kinderfernsehen oder gründlich recherchierten Historienserien gefärbt sind", so Kurt Farasin, Geschäftsführer der niederösterreichischen Schallaburg. Doch mit der grandiosen Landesausstellung ist es seinem Team geglückt, eine Schau zu inszenieren, die die Wikinger jenseits aller Klischees zeigt: Anhand neuester wissenschaftlicher Erkenntnisse werden Themen wie die geographische Verbreitung, kultische Bräuche und vor allem die berühmten Eroberungs- und Handelsfahrten des nordischen Volkes neu beleuchtet. Ein kulturelles Highlight!

Die umfassende Schau führt in die Welt der Wikinger.

„Schreihals Donald" gegen „Lady Hillary": *So lautet der Wahlwirbel in Amerika im Jahr vor der Präsidentenwahl. Der Milliardär und Republikaner Donald Trump zeigt, wie man sich daneben benimmt, beschimpft Mexikaner und wird umjubelt. Demokratin Hillary Clinton hingegen besticht als elegante Weltdiplomatin.*

Friedenseinsatz soll

Das Heer nach Mali,

Österreich schickt 20 Militärprofis nach Mali, um die afrikanische Armee beim Aufbau zu unterstützen. 24 Staaten stellen 520 Militärausbildner und Offiziere im internationalen Kampf gegen Korruption, Gotteskrieger und die Schmugglermafia.

Sicherheitsalarm hinter Gittern ● Wache am Limit

Österreichs Gefängnisse sind schon völlig überfüllt

Die Flüchtlingswelle sorgt auch für Sicherheitsalarm in heimischen Haftanstalten. Denn immer mehr Schlepper werden festgenommen. Ende September sitzen bereits 800 Menschenhändler in unseren Justizanstalten. „Mit 9.300 Häftlingen gibt es jetzt schon einen negativen Rekord", deckt „Krone"-Ressortchef Christoph Budin die gefährliche Überbelegung in Österreichs Gefängnissen auf. Bis Jahresende droht die Marke von 10.000 Häftlingen in Österreich erstmals überschritten zu werden. „Da sorgen sich Volksanwaltschaft oder Amnesty International nicht so wie in Traiskirchen", ärgert sich Justizwache-Gewerkschafter Albin Simma.

„Mandarin-Orange". *Das ist die neue Farbe der Vignette 2016. Durch die Anpassung an den harmonisierten Verbraucherpreisindex wird der Preis der landläufig „Autobahnpickerl" genannten Vignetten um 1,5 % teurer als 2015. Somit muss man für eine Plakette künftig 85,70 Euro berappen. Für Motorräder sind 34,10 Euro veranschlagt. Und: Nach einem Internetvoting steht mit Türkis bereits die Farbe für 2017 fest . . .*

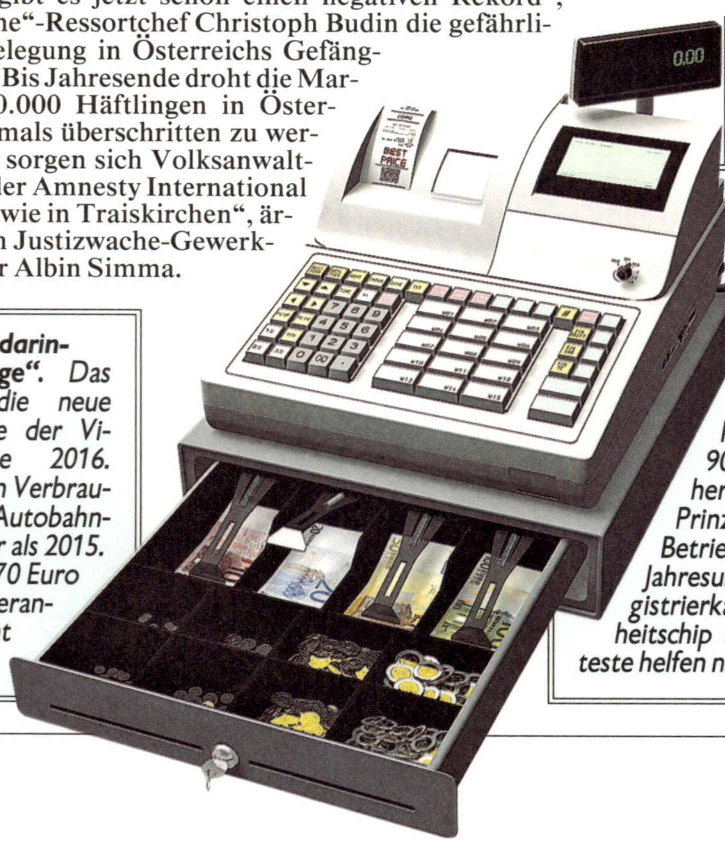

Kassenpflicht ab Jänner! *Mit dieser neuen Kontrolle nimmt die Regierung kommendes Jahr alle „schwarzen" Umsätze sowie Mehrwertsteuerbetrügereien aufs Korn und will so 900 Millionen € hereinholen. Im Prinzip müssen alle Betriebe ab 15.000 € Jahresumsatz eine Registrierkasse mit Sicherheitschip anschaffen. Proteste helfen nichts!*

Massenflucht nach Europa eindämmen:

entsendet Ausbildner um Afrika zu stärken

„Natürlich wissen wir, dass man mit 20 Soldaten keinen Krieg gewinnen kann. Aber das Motto des Kontingents lautet ‚Train the trainer'. Nur wenn es uns gelingt, ein sicheres Umfeld, staatliche Strukturen und Perspektiven jenseits von Armut zu schaffen, werden die Menschen in ihrer Heimat bleiben", erklärt Verteidigungsminister Gerald Klug seine Strategie, „wer Österreich schützen will, muss dort für Stabilität sorgen, wo Krisen herrschen – auch in Afrika!"

„Da die Schlepperrouten durch Mali Richtung Libyen führen, stehen unsere Militärs direkt an der Drehscheibe der Schmuggler, die Waffen, Drogen und Menschen nach Europa verschieben", berichtet „Krone"-Chefreporter Christoph Matzl von der Heeresmission in Westafrika.

▲ Elitesoldaten der Militärpolizei und des Jagdkommandos sichern den Truppenbesuch des Ministers. General Commenda bei einer Parade von Malis Armee (ob.)

*„**Füreinander bestimmt!**" So outeten sich die Opernstars Anna Netrebko und Yusif Eyvazov im Vorjahr bei den Salzburger Festspielen. Es folgte die feierliche Verlobung. Und am 29. Dezember sollte nun die große Liebe des Traumpaares im Schloss Belvedere mit der Hochzeit gekrönt werden.*

„Krone" übergab 601.812 Protestunterschriften an die EU:

Massiver Protest gegen TTIP!

Es war und ist eine der größten Umwelt-Manifestationen der 2. Republik! Insgesamt 601.812 Österreicher schlossen sich per Unterschrift dem Aufruf zum Widerstand gegen TTIP an. Die „Krone" trug diesen geballten Öko-Protest ihrer Leser mitten ins Herz der EU!

Gemeinsam mit SPAR hatte die „Krone" zum Protest gegen das US-Freihandelsabkommen TTIP (Transatlantic Trade and Investment Partnership) aufgerufen. Damit sollte der Ablehnung von Chlorhuhn, Gentechnik, Ausverkauf des Wassers und der Allmacht der milliardenschweren Agrarkonzerne Ausdruck verliehen werden.

Genau diesen massiven Bürgerprotest aus allen Schichten der Bevölkerung, der während des ganzen Jahres noch an Kraft gewann, trugen „Krone"-Herausgeber Christoph Dichand und „Krone"-Umweltredakteur Mark Perry namens unserer Leser nach Brüssel. Die Unterschriften wurden vom EU-Parlamentspräsidenten Schulz entgegengenommen.

Der mächtige Brüsseler Politiker versprach, die Sorgen der rot-weiß-roten (um ihre Existenz bangenden) Kleinbauern, der heimischen Konsumenten und Arbeiter (sie befürchten einen Abbau der Sozialleistungen und Lohndumping) sowie der Kleinunternehmer ernst zu nehmen. Auch 2016 geht der Widerstand gegen TTIP unvermindert weiter.

„Krone"-Herausgeber Dichand und Umweltredakteur Perry (re.) übergeben die Unterschriften an den EU-Parlamentspräsidenten Schulz.

Zum Schmunzeln und zum Nachdenken: Was Prominente im Laufe des Jahres 2015 in der Öffentlichkeit von sich gaben . . .

„Einen Evergreen hat man entweder, wenn man tot ist, oder wenn einem später nichts eingefallen ist."
Rainhard Fendrich, 60, in „Austropop-Legenden".

☆

„Wenn ich 22 Stunden in der Woche arbeite, bin ich Dienstagmittag fertig."
Wiens Bürgermeister Michael Häupl in Richtung Lehrergewerkschaft.

☆

„Ich war nie eine Sexbombe."
Die frühere Opernball-Organisatorin Lotte Tobisch in „Seitenblicke".

☆

„Die Verhandlungen waren nicht ganz unknackig."
Investor Ronny Pecik über den Telekom-Austria-Deal der Mexikaner.

☆

„Manchmal verstehe ich meine Texte selber nicht."
Der deutsche Liedermacher Herbert Grönemeyer bei der Verleihung der Goldenen Kamera.

☆

„Es gibt leider keine Europäische Kronen Zeitung."
Martin Wansleben, Chef des Deutschen Industrie- und Handelskammertages, bedauert, dass es keine europaweite Zeitung gibt, die auf unsinnige Vorschriften hinweist.

☆

„Ich bin jetzt Single, Single, Single!"
Conchita Wurst in „Frühstück bei mir."

☆

„In Österreich diskutieren wir über die Militärmusik, Ampelmännchen und Ampelweibchen und darüber, ob bei der AUA weiter rote Strumpfhosen getragen werden."
Finanzminister Hans-Jörg Schelling im „Profil" darüber, dass in Österreich viele echte Probleme zerredet werden.

☆

„Zahlen kann man leugnen. Gesichter nicht."
Caritas-Präsident Michael Landau in „20 Jahre ‚Thema'".

☆

Bussi für Diva Netrebko

„Der Staat nimmt sehr viel ein und gibt sehr viel aus, und dazwischen bleibt noch viel hängen."
Felix Montecuccoli, Präsident der Land- und Forstbetriebe, zur ineffizienten Verwaltung.

☆

„Mode hat mit dem Geschmack gar nichts zu tun."
Der exzentrische Modeschöpfer Harald Glööckler in „heute leben".

☆

„Ich höre auf niemanden."
Anna Netrebko in „Anna die Große".

☆

„Wer glaubt heutzutage schon irgendeinem Bankmenschen seine Aussagen?"
Prof. Leo Chini, Aufsichtsratschef der Volksbank Wien-Baden.

☆

„Trauringe sind die kleinsten Handschellen der Welt."
Moderatorin Jenny Posch in „Jetzt poscht's".

☆

„Ich glaube nicht, dass es Menschen gut bekommt, berühmt zu sein."
Bestseller-Autorin Donna Leon in „Seitenblicke".

☆

„Ich muss schon sagen: Wenn wir jetzt anfangen, uns auch noch dafür entschuldigen zu müssen, dass wir in Notsituationen ein freundliches Gesicht zeigen, dann ist das nicht mein Land."
Deutschlands Bundeskanzlerin Angela Merkel ungewöhnlich emotional zur Kritik an ihrem Kurs in der Flüchtlingskrise.

☆

Sprüche des Jahres

„Wir bewegen uns in die richtige Richtung, allerdings im Schneckentempo."
Ulrich Schuh vom Institut Eco Austria über die Pensionsreform.

☆

„Jäger und Politiker haben eines gemeinsam – sie müssen wissen, wann sie welche Böcke schießen dürfen."
OÖ-Landeshauptmann Josef Pühringer in „Seitenblicke".

☆

„Unter der Dusche erhole ich mich vom Singen."
Opern-Diva Natalia Ushakova in „Denk mit Kultur".

☆

„Die Oscar-Party ist todlangweilig. Man muss vier Stunden in unbequemen Sesseln sitzen und darf nicht einmal aufs Klo, wenn man muss!"
Sir Elton John in „Seitenblicke".

☆

„Immer wieder war ich treu."
Harald Serafin in „Künstlergespräche".

„Ich wünsche jetzt schön langsam, dass die Männer mir nachlaufen auf der Bühne."
Elīna Garanča über einen bevorstehenden Rollenwechsel.

☆

„Man muss nicht alles angreifen, was man liebt."
Chris Lohner in „Wien heute".

Aufreger: Andreas Gabalier

„Ich kann ohne Applaus leben. Aber nicht, wenn ich auf der Bühne stehe."
Udo Jürgens sel. in „Der Mann, der Udo Jürgens ist".

☆

„Mama-Sein ist das Schönste, was es gibt. Neun Monat san ka Lercherlschas."
Jazz Gitti zum Muttertag in „Seitenblicke".

☆

„Man hat's nicht leicht auf der Welt, wenn man als Manderl noch auf Weiberl steht."
„Volks-Rock'n'Roller" Andreas Gabalier erregt bei der Amadeus-Verleihung.

☆

„Mode ist wie Joghurt. Sie muss immer frisch sein."
Zara-Chef Amancio Ortega.

☆

„Man kann die Vergangenheit nicht bewältigen – aber die Zukunft muss man!"
Ex-Finanzminister und Unternehmer Hannes Androsch.

☆

„Bohren Sie ruhig."
Ex-OMV-Boss Gerhard Roiss freut sich auf tiefergehende Fragen.

„Das Geld wird nicht überwiesen werden, weil es nicht vorhanden ist."
Nikos Voutsis, damals noch griechischer Innenminister, zur ausstehenden IWF-Kreditrate.

☆

„Mit der Zeit hadere ich. Kaum dreht man sich um, ist schon wieder eine Stund vergangen oder ein Jahr."
Schauspiel-Doyen Helmuth Lohner sel. in „Seitenblicke".

Duell-Sieger: Michael Häupl

Foto des Jahres

Ein Seelenverkäufer auf dem Weg in den vermeintlich Goldenen Westen, sprich die EU. Diese beklemmende Aufnahme eines völlig überladenen Flüchtlingsbootes hat Starfotograf Massimo Sestini vom Helikopter aus geschossen. Der italienische Reporter begleitete die internationale Organisation für Immigration bei einem ihrer unzähligen Einsätze. Das Zeitdokument wurde als „World Press Photo“ ausgezeichnet. Eng an eng kauern Kriegsvertriebene und Wirtschaftsflüchtlinge im offenen Boot nebeneinander. 700.000 Menschen versuchten 2015, übers Mittelmeer nach Europa zu gelangen. Mehr als 3.000 Flüchtlinge ertranken hilflos.

BILDNACHWEIS

AFP 43, Alliance for Nature 1, AP 45, APA 33, ASFINAG 1, Babirad Picture 6, Gerhard Bartel 6, Bildagentur Zolles 1, Jerzy Bin 1 , Christof Birbaumer 4, Kristian Bissuti 3, Columbia Picture 2, Franz Crepaz 3, Harald Dostal 1, DPA 1, Horst Einöder 2, EPA 42, James Eppy 1, EXPA 13, facebook 4, Niki Faistauer 1 , Andreas Fischer 1, Französische Polizei 1, FPÖ-TV 1, GEPA 2, GLOBAL 2000 1, Gerhard Gradwohl 5 , Klemens Groh 15, Gut Aiderbichl 1, Haaretz 1, Harper's Bazaar 1, Ricardo Heintz 2, Marion Hörmandinger 3, Christian Hofer 2 , Reinhard Holl 5, Patrick Huber 1, Melanie Hutter 1, info-service 3, Interpol 1, Erwin Jannes 6, Christian Jauschowetz 4, Martin A. Jöchl 7, Sergi Karplyuk 2, Werner Kerschbaummayr 2, Chris Koller 1, Georg Köchler 1, Florian Koell 1, Werner Kopacka 1, Krankenhaus Schwarzach 1, Klaus Kreuzer 2, „Krone"-Archiv 98, „Krone"-Grafik 1, laumat.at 1, Patrick Lechner 1, Thomas Leitner 1, Daniel Liebl 1, Klaus Loibnegger 1, Christoph Matzl 5, Gabriele Moser 1, MySpace 1, Frederick Nebinger 1, Franz Neumayr 5, Novomatic 1, ÖAMTC 2, Österreichische Nationalbibliothek 4, Österreichisches Rotes Kreuz 3, ORF 12, Sepp Pail 2, Günther Peroutka 1, People Picture 3, Photopress 2, Photonews/Georges Schneider 2, Playboy 3, Polizei/BMI/BK 6, Jürgen Radspieler 4, Daniel Raunig 1, Reporter.co.at 3, REUTERS 46, Uta Rojsek-Wiedergut 3, Norman Schenz 1, Andi Schiel 8, Erich Schönauer 3, Arnold Schwarzenegger 1, Massimo Sestini 1, Rena Rose Sibayan 2, Starpix/Alexander Tuma 5, Studio Canal 1, Dragan Tatic 2, Theater in der Josefstadt 1, Peter Tomschi 5, Toppress Austria/Karl Schöndorfer 3, Andreas Tröster 1, Trophy Hunting America 1, Markus Tschepp 4, Tumblr/lanebryant 1, Vanity Fair 1, Viennapress/Andreas Tischler 2, Viennareport 12, Walter Vogelweider 1, Vogue 1, WDBJ7 2, Franz Weber 1, Ernst Weingartner 1, Wiener Feuerwehr 1, Edward Winklmayr 1, www.frognews.bg 1, Zalando 1, Anna Zora 1.

SCHUTZUMSCHLAG:

AFP 3, APA 2, GEPA 1, EPA 1, EXPA 2, Krone-Archiv 3, Laumat 1, Franz Neumayr 1, photonews/Georges Schneider 1, Reuters 1, Viennareport 3.

Für die Mitarbeit danken wir unseren Kollegen, den Kolumnisten, Redakteuren, Reportern, Fotografen und Karikaturisten der „Krone".

Insbesondere dem unermüdlichen und kreativen „Krone"-Layouter-Team Hermann Müller, Christian Wawra und Herbert Kocab sowie den sorgfältigen Archivaren Martin Kriegel und Heidemarie Bauer.

Dank auch an das Ueberreuter-Team, stellvertretend an die beiden „Buchstabenengel" Marina Hofinger und Marielle Weiss, die dem „Druckfehlerteufel" einen heroischen Kampf geliefert haben.

Christoph Matzl & Christoph Budin

Zum Sammeln und Schenken

Schlagzeilen

„Schlagzeilen, die Österreich bewegten" hieß 1990 der erste „Krone"-Band, der 90 Jahre österreichische Geschichte aus journalistischer Sicht porträtierte. Ein Pilotprojekt mit Riesenerfolg und „Kindern": Mittlerweile gehören die Jahresrückblicke, aufgearbeitet in der vertrauten Form täglicher Zeitungsseiten, schon zur Tradition. Eine Rückschau im Jahresrhythmus heißt Chronologie, Chronologien aneinandergereiht werden Geschichte, alles zusammen ist unser Leben. Mit dem vorliegenden Band, mittlerweile der 26. in dieser Reihe, verlieren die Jahreszahlen ihre Anonymität und werden gewissermaßen zum Tagebuch des Selbst- und Miterlebten, ein Nachschlagewerk für die ganze Familie, ein Sammlerstück. Ein Buch der Erinnerungen, in dem es den Autoren gelungen ist, Unterhaltung und Weltpolitik, Skandale und Humor, große und kleine Schlagzeilen einander so ausgewogen gegenüberzustellen, dass trotz aller Gräuel und Schrecken des vergangenen Jahres auch Optimismus, Hoffnung und Unterhaltung vermittelt werden.